V&R

BERATEN IN DER ARBEITSWELT

Herausgegeben von
Stefan Busse, Rolf Haubl und Heidi Möller

Angela Gotthardt-Lorenz

Organisationssupervision – ein Konzept

Erfahren, Verstehen und Mitgestalten
organisationaler Interaktionen

Mit 6 Abbildungen und einer Tabelle

Vandenhoeck & Ruprecht

Gewidmet Brigitte Hausinger
(1964–2016),
Vorreiterin für die Zusammenschau
Arbeit-Organisation-Supervision
im Rahmen gesellschaftlicher Veränderungen

Bibliografische Information der Deutschen Nationalbibliothek:
Die Deutsche Nationalbibliothek verzeichnet diese Publikation in der
Deutschen Nationalbibliografie; detaillierte bibliografische Daten sind
im Internet über https://dnb.de abrufbar.

© 2020, Vandenhoeck & Ruprecht GmbH & Co. KG,
Theaterstraße 13, D-37073 Göttingen
Alle Rechte vorbehalten. Das Werk und seine Teile sind urheberrechtlich
geschützt. Jede Verwertung in anderen als den gesetzlich zugelassenen Fällen
bedarf der vorherigen schriftlichen Einwilligung des Verlages.

Umschlagabbildung: kmlmtz66/shutterstock.com

Satz: SchwabScantechnik, Göttingen
Druck und Bindung: ⊕ Hubert & Co. BuchPartner, Göttingen
Printed in the EU

Vandenhoeck & Ruprecht Verlage | www.vandenhoeck-ruprecht-verlage.com

ISSN 2625-6061
ISBN 978-3-525-40487-4

Inhalt

Zu dieser Buchreihe

Die Reihe wendet sich an erfahrene Beratende und Personalverantwortliche, die Beratung beauftragen, die Lust haben, scheinbar vertraute Positionen neu zu entdecken, neue Positionen kennenzulernen, und die auch angeregt werden wollen, eigene zu beziehen. Wir denken aber auch an Kolleginnen und Kollegen in der Aus- und Weiterbildung, die neben dem Bedürfnis, sich Beratungsexpertise anzueignen, verfolgen wollen, was in der Community praktisch, theoretisch und diskursiv en vogue ist. Als weitere Zielgruppe haben wir mit dieser Reihe Beratungsforschende, die den Dialog mit einer theoretisch aufgeklärten Praxis und einer praxisaffinen Theorie verfolgen und mitgestalten wollen, im Blick.

Theoretische wie konzeptuelle Basics als auch aktuelle Trends werden pointiert, kompakt, aber auch kritisch und kontrovers dargestellt und besprochen. Komprimierende Darstellungen »verstreuten« Wissens als auch theoretische wie konzeptuelle Weiterentwicklungen von Beratungsansätzen sollen hier Platz haben. Die Bände wollen auf je rund 90 Seiten den Leserinnen und Lesern die Option eröffnen, sich mit den Themen intensiver vertraut zu machen, als dies bei der Lektüre kleinerer Formate wie Zeitschriftenaufsätzen oder Hand- oder Lehrbuchartikeln möglich ist.

Die Autorinnen und Autoren der Reihe bearbeiten Themen, die sie aktuell selbst beschäftigen und umtreiben, die aber auch in der Beratungscommunity Virulenz haben und Aufmerksamkeit finden. So offerieren die Texte nicht einfach abgehangenes Beratungswissen, sondern bewegen sich an den vordersten Linien aktueller und brisanter Themen und Fragestellungen von Beratung in der Arbeitswelt. Der gemeinsame Fokus liegt dabei auf einer handwerklich fundierten, theoretisch verankerten und gesellschaftlich verantwortlichen Beratung. Die Reihe versteht sich dabei als methoden- und schulenübergreifend, in der zu einem transdisziplinären und interprofessionellen Dialog in der Beratungsszene angeregt wird.

Wir laden Sie als Leserinnen und Leser dazu ein, sich von der Themenauswahl und der kompakten Qualität der Texte für Ihren Arbeitsalltag in den Feldern Supervision, Coaching und Organisationsberatung inspirieren zu lassen.

Stefan Busse, Rolf Haubl und Heidi Möller

Ausgangspunkt und Anliegen

Wegen oder auch trotz der vielen Veränderungen, die die Arbeit und das professionelle Arbeiten in Organisationen betreffen, werde ich – 25 Jahre nach meiner ersten Auseinandersetzung mit dem Begriff und Inhalt von Organisationssupervision – in diesem Band den Versuch unternehmen, eine erweiterte Sicht auf Organisationssupervision als Konzept zu beschreiben. Ergänzend zu den schon früher dargelegten Grundstrukturen zur Konzeptionalisierung von Supervision in Organisationen werde ich theoretische Grundlagen einbeziehen, welche die Plausibilität dieses Ansatzes unterstützen und gleichzeitig dezidierte Ansatzpunkte für Organisationssupervision verdeutlichen können. So möchte ich eine gegenstandsadäquate, weil arbeits- und organisationsbezogene, theoretische und praxisrelevante Fundierung aufzeigen, die das Konzept Organisationssupervision solide und in ihrem Aufbau charakteristisch darstellt.

Ich beziehe mich dabei im Wesentlichen auf arbeitssoziologische Systematiken und Forschungen, die im bisherigen Diskurs zu Supervision relativ wenig genutzt wurden. Organisationssupervision, die per Definition eng an Arbeitsprozesse angebunden ist, kann von arbeitssoziologischer bzw. arbeitswissenschaftlicher Seite eine entsprechende Fundierung erhalten. Dabei geht es nicht nur um die Sicht auf Veränderungen der Arbeitswelt in ihren großen Entwicklungen, sondern um die dezidierte Bestimmung, welche arbeits- und professionssoziologisch zu verstehenden Ansatzpunkte für Organisationssupervision konzeptionell evident sind.

In meinen Ausführungen werde ich – wenn das Geschlecht von Personen(gruppen) unbekannt ist – sowohl die weibliche als auch die männliche Form wählen, die weibliche bevorzugend.

Danken möchte ich Andrea Sanz, Stefan Busse, Guido Becke und Erhard Tietel, die mich in unterschiedlichen Phasen der Manuskripterstellung durch Kommentierungen und Einschätzungen hilfreich herausgefordert haben.

Organisationssupervision trifft Arbeitssoziologie

Mit meinen Überlegungen schließe ich an die Arbeiten von Brigitte Hausinger (2008) an, die erstmals in der Schriftenreihe zur Subjektorientierten Soziologie der Arbeit und der Arbeitsgesellschaft, herausgegeben von G. Günter Voß, Supervision im Kontext der bedeutsamen Bezugsgrößen Organisation, Arbeit und Ökonomisierung dargestellt hat. Intensiv haben mich die arbeitssoziologischen und angrenzenden wissenschaftlichen Perspektiven seit dem Sommer 2016 beschäftigt, als an der Universität Bremen – veranstaltet von Guido Becke, Eva Senghaas-Knobloch und Erhard Tietel – arbeitswissenschaftliche Systematiken in Auseinandersetzung mit Organisationssupervision gesetzt wurden. Die Themen der in den folgenden Jahren dazu geführten Diskussionen fließen hier mit ein.

Was mir auf diesem Wege immer mehr bewusst geworden ist: Arbeitssoziologen und Arbeitssoziologinnen, die eher »subjektorientiert« ausgerichtet sind, beschreiben Arbeitsprozesse und Arbeitsanforderungen und deren Wirkungen so, dass sie eine hohe Kompatibilität zeigen zu dem, was Supervisorinnen und Coaches in ihrer Beratungsarbeit und auch an sich selbst erleben. Das von Böhle, Voß und Wachtler herausgegebene zweibändige »Handbuch Arbeitssoziologie« (2018) bietet einen umfangreichen Überblick und Einblick zu aktuellen Forschungsbereichen und Diskursen zur Soziologie der Arbeit und ist eine Fundgrube für Supervisorinnen, die sich intensiver mit dem Thema Arbeit – eben auch im Rahmen von Organisationen – beschäftigen möchten.

Arbeitswissenschaftliche, insbesondere arbeitssoziologische Überlegungen und Forschungen können helfen – wie ich zeigen werde –

die Grundstruktur der Organisationssupervision zu differenzieren und diese gleichzeitig in ihrer arbeitsweltlichen »Bodenhaftung« zu unterstützen. Die Methodik und Praxis der Organisationssupervision hat eine eigene Entstehung und Charakteristik. Das Konzept der Organisationssupervision kann jedoch verdichtet werden, wenn es gelingt, bis in die Methodik hinein eine beschreibbare Verbindung zu arbeitsweltlichen und organisationalen Anforderungen zu verdeutlichen. Dies wird im Folgenden versucht.

Zum bisherigen Konzept der Organisationssupervision

Diskurse dazu, wie Supervision in den organisationalen Kontext zu stellen ist, wurden im Rahmen unterschiedlich begründeter konzeptioneller Überlegungen durch viele Kolleginnen und Kollegen, Praktiker, Wissenschaftler und Ausbildner für Supervision und Coaching in den letzten vierzig Jahren im deutschsprachigen und europäischen Raum durchgeführt. Der für die Organisationssupervision entscheidende Einschnitt erfolgte dort, wo Supervision nicht mehr als einem einzelnen Organisationsmitglied oder einem Team zugehörig gesehen wurde (»meine/unsere« Supervisorin), sondern die organisationale Aufgabe und die organisationale Beauftragung des Supervisors in den Fokus der supervisorischen Betrachtung und Handlung kam (erstmalig Weigand, 1990).

Seitdem ich mit dem Begriff Organisationssupervision operiere, bemühe ich mich, zum Ausdruck zu bringen, dass das größte Unterscheidungsmerkmal in dem an sich breit angelegten Angebotsrepertoire der Supervision die Organisationsnähe ist, also die Frage, ob diese Supervisionen im Kontext einer organisationalen Beauftragung stehen oder nicht. Findet die Supervision im Rahmen einer Organisation statt, war es mir immer schon wichtig, das Beratungssystem Supervision in seiner (jeweils zu befragenden) Konstellation und Funktion zu beschreiben. Weiterhin ist in jedem Fall der Diskurs zur Position, zur Rollengestaltung und zum daran orientierten Vorgehen der Supervisorinnen und Supervisoren von Bedeutung. In dieser Hinsicht wurden schon zu Beginn konzeptuelle Grundmerkmale der Organisationssupervision festgelegt.

Beschrieben habe ich bisher, dass es in dem Konzept der Organisationssupervision speziell um die Beachtung, Reflexion, Bedeutungssuche und Bearbeitung aller organisationalen Strukturen und Prozesse geht, die für die dortigen Aufgabenstellungen und Arbeitsbeziehungen relevant sind. Die Gestaltung der jeweiligen Beratungssysteme, ihre Entwicklung und jede einzelne Supervisionssequenz sind konsequent im Kontext aller Erwartungs-, Identifikations- und Konfliktdynamiken, die sich aus der Aufgabe und den zugehörigen Adressaten, aus der Organisation selbst (Strukturen, Kulturen, Professionen) und aus den betreffenden gesellschaftlichen Einschätzungen ergeben können, zu entwickeln und durchzuführen. Methodisch geht es darum, persönlich und professionell motivierte Fragestellungen von Mitarbeiterinnen und Führungskräften im Sinne der *Kontextualisierung* in diesem organisationalen Rahmen und deren Beeinflussungen zu verstehen und über Interventionen zur Verfügung zu stellen. Aufgezeigt habe ich, wie die den Supervisorinnen und Supervisoren in Organisationen zugeschriebenen Rollen auf unterschiedlichen Ebenen Kristallisationspunkte für organisationale Realitäten darstellen (z.B. 1994, 2009a). Diese einerseits zu erkennen, aber auch andererseits aktiv zu gestalten, war von Anfang an ein Spezifikum der Organisationssupervision und ein zentrales Handwerkszeug.

Über weite Strecken steht Organisationssupervision im Gleichklang mit dem Verständnis zu organisationsbezogener Supervision im Mainstream von deutschsprachigen Supervisorinnen. Was mir – wie eben auch vielen anderen Autorinnen und Autoren – immer wichtig war, sind Systematiken, in deren Rahmen organisationsbezogenes Verstehen und Handeln von Supervisoren einzuordnen ist. Dies erscheint mir hilfreich, um in immer wieder verwirrenden Praxissequenzen »Geländer« zu haben, die Orientierung für die eigene Reflexion geben können. Eine aktualisierte Systematik zur Organisationssupervision –

unter Einbeziehung arbeits- und professionssoziologischer Konzepte – werde ich hier darstellen.

Anregende Auseinandersetzungen im Kollegium des Instituts für Supervision und Organisationsentwicklung Wien haben gezeigt, wie schwierig eine konzeptionelle Zuordnung des eigenen supervisorischen Handelns in Organisationen oft ist. Diese Herausforderung möchte ich auch den Leserinnen und Lesern zumuten, verbunden mit der Hoffnung, dass die Auseinandersetzung mit Konzeptüberlegungen und deren Zuordnungen zum Weiterdenken animieren.

Zum Supervisionsverständnis und zu meiner Schwerpunktsetzung

In meinem Supervisionsverständnis lehne ich mich an bereits veröffentlichte Formulierungen an, zu denen ich in der Supervisionscommunity eine große Übereinstimmung vermute: Als arbeitsweltlich bezogene Beratungsform bietet Supervision Anleitung zur arbeitsbezogenen Selbstreflexion. Die konkrete Supervisionsarbeit gestaltet sich als Rückkoppelungsschleife. Beobachtete Phänomene und Anlassfälle aus dem Supervisions- bzw. Beratungsgeschehen, die ihrerseits in der Regel mit emotionalen Verwicklungen einhergehen, werden in Zusammenhang gebracht mit den für die Supervision relevanten Kontexten, die im Außen liegen, aber unmittelbar die persönlich erlebten Arbeits- und damit zusammenhängenden Kommunikationsprozesse betreffen. Das Supervisionsgeschehen im Hier und Jetzt des Beratungssystems auf der einen Ebene und die kontextreiche Arbeitsrealität der Teilnehmenden an dem Beratungssystem auf der anderen Ebene können durch Herstellen von Zusammenhängen in der Reflexion Verstehen, Distanz und Entlastung bringen (Gotthardt-Lorenz, 2000, S. 59–62).

Die Arbeit als Supervisor(in) benötigt für die jeweilige Zusammenarbeit in den Supervisionsprojekten viele unterschiedliche Verstehens- und Handlungsmodelle, die – je nach Vorverständnis –

unterschiedlich geprägt sind. Eine wesentliche Grundlage für die arbeitsbeziehungsorientierte Supervision sind psychodynamisch orientierte Konzepte. Im Rahmen des Spektrums dieser meist psychoanalytisch geprägten Sichtweisen und Arbeitskonzepte definieren verschiedene Autorinnen und Autoren ihren Beratungsansatz für Organisationen (z. B. Steinhardt u. Datler, 2004; Lohmer, 2017), getragen von dem Bemühen, Dynamikprozesse in Organisationen – auch im Kontext der eigenen Erfahrungen – zu erkennen. Arbeitskonzepte und unterschiedliche Beratungsansätze in einem Überblick haben Giernalczyk und Möller (2019) unter dem Titel »Entwicklungsraum. Psychodynamische Beratung in Organisationen« veröffentlicht.

In meinen Überlegungen beziehe ich mich auch auf nahe stehende Verständnisansätze, vor allem im Zusammenhang mit der Supervisionsmethodik, wenn es darum geht, die eigenen Involvierungen als Supervisorin zu erkennen und zu nutzen. Allerdings werde ich mich im Folgenden zuallererst auf arbeitssoziologische, auch organisations- und professionssoziologische Denkstrukturen und Forschungen, auf deren differenzierende Sichtweisen zu Arbeit und Organisation konzentrieren. Die dort in verschiedenen Arbeiten aufgezeigten Ansätze zum Verständnis der Entwicklungen, Strukturen und Dynamik von Arbeit, Arbeitsprozessen und Organisationen werde ich nutzen, um aufzuzeigen, auf was Supervision in der Arbeitswelt trifft. Durchgehend relevant in dieser Betrachtung sind die jeweils stattfindenden organisationalen Interaktionen und die damit zusammenhängenden Emotionen und Zuschreibungen, denen entsprechende konzeptionelle und methodische Ansatzpunkte der Organisationssupervision als sozioemotionaler Ansatz zugeordnet werden. Stärker als bisher werde ich mich auf das Skriptum der Supervision, professionelles Handeln zu unterstützen, beziehen. Wie dieses Primat in das Konzept der Organisationssupervision aufgenommen werden kann und was es heute angesichts der bekannten Herausforderungen der Arbeitswelt bedeutet, dem werde ich genauer nachgehen.

Insgesamt möchte ich deutlich machen, wie sich Supervision – hier im Konzept der Organisationssupervision – in der Arbeitswelt und ihren organisationalen Bezugssystemen legitimiert und wie diese arbeitsweltlichen Anforderungen in der Supervision aufgenommen werden können. Mein Vorgehen besteht darin, dies über ein Drei-Ebenen-Modell zu demonstrieren, das einige für die Supervision relevante Organisationsbeschreibungen und Organisationsfunktionen mit elaborierten Reflexions- und Handlungskonzepten zur Arbeitswelt verbindet. Diesen kann auf der dritten Ebene die methodisch-didaktische Ausrichtung der Organisationssupervision zugeordnet werden, die auf dem Weg dann auch präziser zu erfassen ist.

Das Drei-Ebenen-Modell
der Organisationssupervision

Mit dem folgenden Drei-Ebenen-Modell (siehe Abbildung 1) beschreibe und begründe ich Organisationssupervision im Sinne Buers (2017) über präskriptive Strukturen. Dazu zunächst ein Überblick:

Auf der *ersten Ebene* wird zunächst die bisher schon vertretene Grundannahme beschrieben, dass organisationale Arbeitsfelder und Arbeitsgebiete, ausgerichtet an spezifischen Kernaufgaben, immer eingebettet sind in ein Spannungsfeld zwischen *Organisationsstruktur und Organisationsdynamik*. Ergänzend zu diesem allgemeinen und bekannten Bestimmungsort für Organisationssupervision wird anschließend der Blick auf *personale Dienstleistungsorganisationen* als spezifischer Bestimmungsort gerichtet. Drittens geht es um das inhaltliche Spannungsfeld von *geforderter Fachlichkeit und begrenzten Ressourcen* als organisationale Anforderung und zum Vierten um das Angebot der *Zugehörigkeit* und deren Begrenzung. Alle Aspekte werden durch entsprechende Forschungen und Analysen untermauert.

Auf der *zweiten Ebene* werden – jeweils in Bezug zu diesen vier Punkten – reflexions- und handlungsrelevante Konzepte herangezogen, die in der Beobachtung, Beforschung und Analyse von Arbeitsprozessen, auch speziell in Bezug auf professionelles Arbeiten, entstanden sind: das Konzept *Soziale Erwartungsstrukturen* (Becke) im Anschluss an die bekannte Rollenthematik (Goffman u. a.), *das Konzept Interaktionsarbeit* (Böhle, Stöger, Weihrich, Dunkel), die *Grundmaximen zur Professionalität* nach Schütze, aber auch das Konzept *Subjektivierte Professionalität* von Demszky und Voß und das Konzept *Organisationale Achtsamkeit* (Becke im Anschluss an Weick und Sutcliffe).

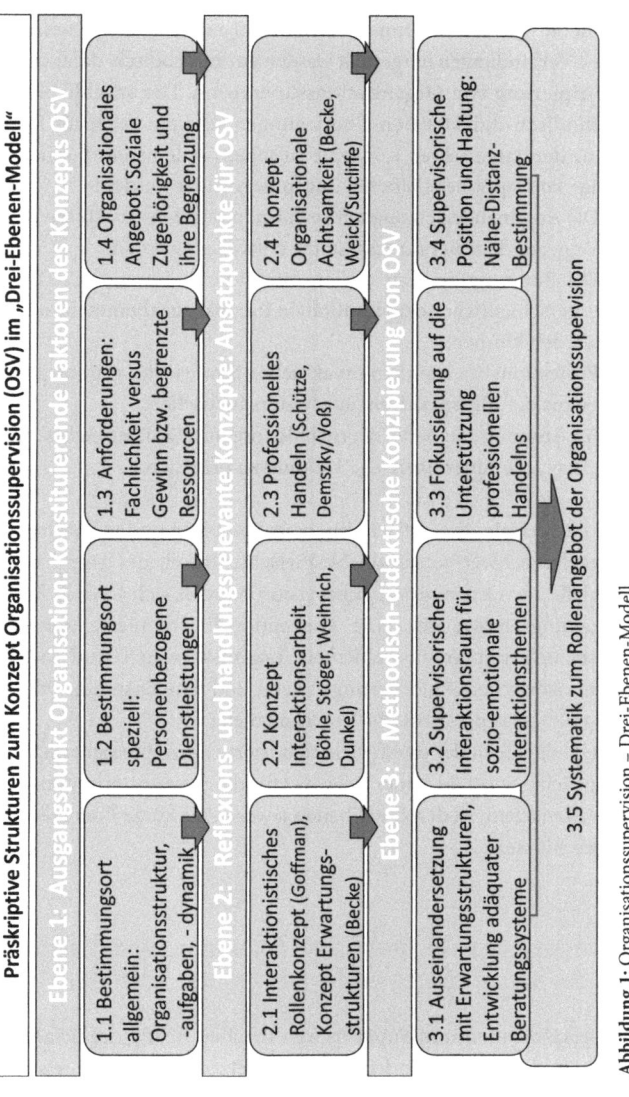

Präskriptive Strukturen zum Konzept Organisationssupervision (OSV) im „Drei-Ebenen-Modell"

Ebene 1: Ausgangspunkt Organisation: Konstituierende Faktoren des Konzepts OSV

| 1.1 Bestimmungsort allgemein: Organisationsstruktur, -aufgaben, - dynamik | 1.2 Bestimmungsort speziell: Personenbezogene Dienstleistungen | 1.3 Anforderungen: Fachlichkeit versus Gewinn bzw. begrenzte Ressourcen | 1.4 Organisationales Angebot: Soziale Zugehörigkeit und ihre Begrenzung |

Ebene 2: Reflexions- und handlungsrelevante Konzepte: Ansatzpunkte für OSV

| 2.1 Interaktionistisches Rollenkonzept (Goffman), Konzept Erwartungsstrukturen (Becke) | 2.2 Konzept Interaktionsarbeit (Böhle, Stöger, Weihrich, Dunkel) | 2.3 Professionelles Handeln (Schütze, Demszky/Voß) | 2.4 Konzept Organisationale Achtsamkeit (Becke, Weick/Sutcliffe) |

Ebene 3: Methodisch-didaktische Konzipierung von OSV

| 3.1 Auseinandersetzung mit Erwartungsstrukturen, Entwicklung adäquater Beratungssysteme | 3.2 Supervisorischer Interaktionsraum für sozio-emotionale Interaktionsthemen | 3.3 Fokussierung auf die Unterstützung professionellen Handelns | 3.4 Supervisorische Position und Haltung: Nähe-Distanz-Bestimmung |

3.5 Systematik zum Rollenangebot der Organisationssupervision

Abbildung 1: Organisationssupervision – Drei-Ebenen-Modell

Auf der *dritten Ebene* können – aufbauend auf dem skizzierten Unterbau – Verbindungen hergestellt werden zur methodisch-didaktischen Konzipierung von Organisationssupervision. Die anschließenden methodisch-didaktischen Überlegungen sind einerseits als Konsequenz der dargestellten Konzepte zu sehen, andererseits können bisherige konzeptionelle Überlegungen begründet werden:

– Die Auseinandersetzung mit sozialen Erwartungsstrukturen ist der Weg, auf dem Beratungssysteme entwickelt werden.

– Die Beratungssysteme stellen Interaktionsräume dar, in denen unterschiedliche sozioemotionale Interaktionsthemen bearbeitet werden können.

– Professionelles Handeln im aktuellen Sinne ist als grundlegender Fokus der Organisationssupervision anzusehen.

– Im Anschluss an den Anspruch der organisationalen Achtsamkeit gilt es, die supervisorische Haltung zu präzisieren.

Die aufgezeigte, theoretisch durchaus komplexe und vielleicht auch bisweilen schwer verständliche Vielschichtigkeit des Drei-Ebenen-Modells zur Organisationssupervision bündelt sich in dem Rollengestaltungsansatz, der eine konzeptionell orientierte Auseinandersetzung mit arbeitsweltlichen, organisationalen und fachlich supervisorischen Anforderungen zeigt und eine Basis zur Orientierung für das supervisorische Vorgehen bietet.

Um den Text, der durch viele elaborierte Konzepte sicherlich sehr anspruchig wirkt, in seiner Relevanz für die Supervisionspraxis deutlich zu machen, ist den drei Ebenen jeweils eine kurze Praxissequenz angeschlossen.

1 Ausgangspunkt Organisation: Konstituierende Faktoren des Konzepts Organisationssupervision (Ebene 1)

Supervisorinnen und Supervisoren machen häufig die Erfahrung, dass sie unzähligen Eindrücken ausgesetzt sind, sobald sie sich in oder am Rande von Organisationen befinden, um dort einen Auftrag mitzugestalten; wenn sie dort Berichte und Erzählungen von wichtigen Positionsträgern oder auch von – das kommt häufig sehr schnell zum Ausdruck – überforderten Mitarbeitenden hören. Bekannte Szenen sind, dass wir als Supervisorinnen durch ein Haus mit vielen Türen und Hinweisschildern laufen, dass die ersten Begegnungen mit Personen ganz anders sind als erwartet, dass wir sehr schnell nachvollziehbare Sichten mitbekommen, meinen sie zu verstehen, auch wenn sich – wie sich nicht selten erst später herausstellt – ganz anderes im Hintergrund abspielt. Dies findet verdichtet in ersten Besuchen von Einrichtungen statt, kann sich aber in vielen Variationen im Laufe eines Beratungsprozesses wiederholen. Das kennen alle Supervisorinnen und Coaches.

In der Metareflexion – oft zusammen mit Kolleginnen und Kollegen – versuchen wir zu eruieren, was da auf uns wie gewirkt hat, aber wir versuchen auch zu verstehen, wo genau wir denn da angefragt sind. Eher theoretisch gesehen, ergeben sich Fragen danach,

- in welchen Strukturgebäuden wir uns dort befinden,
- für welchen »Output« diese Einrichtung geschaffen wurde,
- welche Arbeit dort »gehostet« wird,
- in welchen Organisationen wir überhaupt Supervision anbieten und in welchen nicht,
- welche »Kräfte« auf die Organisationsmitglieder und auf uns wirken,
- was Organisationen leisten wollen bzw. können und
- wofür es lohnt, sich so viel damit zu beschäftigen.

Alles Fragen, die sich im Übrigen nicht nur Supervisorinnen stellen, sondern auch Mitarbeiterinnen und Führungskräfte.

Auf der Spur von vor allem soziologischen Sichtweisen soll nun der Ausgangspunkt »Organisation« der Organisationssupervision untersucht werden.

1.1 Bestimmungsort allgemein: Organisationsstruktur – Organisationsaufgaben – Organisationsdynamik

Um Organisationen zu analysieren, kann man nach Preisendörfer von drei Fragen ausgehen, nämlich »was die Organisation will und wo sie ihre Prioritäten sieht, wie sie aufgebaut und strukturiert ist und in welcher Umwelt bzw. welchen Umwelten sie sich bewegt« (Preisendörfer, 2016, S. 9). Diese allgemein organisationssoziologischen Fragestellungen helfen uns Supervisoren, zunächst einmal eine grobe Sicht auf die Ausrichtung, Struktur und das Umfeld einzunehmen.

Funder sieht eine Übereinstimmung verschiedener soziologischer Schulen darin, »dass Organisationen

1. keine flüchtigen Erscheinungen darstellen, sondern im Prinzip auf Dauer angelegt sind,
2. über einen klar benennbaren Mitgliederkreis verfügen und damit von ihrer Umwelt abgegrenzt sind, jedoch prinzipiell freie Ein- und Austrittsmöglichkeiten aufweisen,
3. spezifische Zwecke verfolgen (z. B. die Produktion von Gütern oder Dienstleistungen) und hierzu intern spezifische Strukturen und Prozesse – in erster Linie immer noch Hierarchien – heranbilden, die ihnen bei der Verwirklichung von Zielen dienen« (Funder, 2018, S. 138).

Kühl plädiert für einen deskriptiven Ansatz, wonach jeweils genau zu recherchieren ist, wie die drei »zentralen Merkmale Zwecke, Hierarchien und Mitgliedschaft« in Organisationen gestaltet sind (Kühl, 2011, S. 29). Strukturen – in der Regel hierarchische – sind die Folie, auf deren Hintergrund Supervisionsprojekte verortet sind. Über Strukturen sind Arbeitsinhalte, Arbeitsprozesse und Zuständigkeiten geregelt. Im Einzelfall braucht es natürlich eine genaue Standortbestimmung, Dabei ist die Frage relevant, welche Entscheidungsprämissen durch diese Strukturen gegeben sind (S. 98 f.), aber auch, wie versucht wird, hierarchische Prinzipien durch andere Prinzipien

(z. B. soziokratische) zu verändern, was dann wieder andere Fragestellungen/Probleme produziert.

Wesentlich für die Charakteristik von Organisationen sind die *Kernaufgaben (Zwecke),* aber auch die ausdifferenzierten *Teilaufgaben,* denen strukturell festgelegte Subsysteme von Organisationen verpflichtet sind. Zu den Aufgabenstellungen bilden sich Arbeitsgebiete, zu deren professioneller Bewältigung Supervision nachgefragt werden kann. Zugeordnete *Supervisionsprojekte* sind unter Beachtung und sorgfältiger Erkundung der dortigen *Strukturen* (Entscheidungswege, Abläufe, Positionsgeflechte, Hierarchien) als eigene Beratungssysteme zu entwickeln, jedoch immer im Dienst der Aufgabenstellung der Gesamtorganisation bzw. ihrer Subsysteme und Arbeitsinhalte.

Strukturierte Arbeitsbereiche führen wir in der Supervisionscommunity häufig unter dem Begriff *Arbeitsfelder* als wichtige Bezugsgröße. Arbeitsfelder beinhalten eben auch die die Organisation prägenden Kunden, Klienten, Patienten inklusive deren Umfeld. Sie sind darüber hinaus auch durch die dort arbeitenden Personen und durch die jeweilige professionelle Sozialisation (Professionsdynamik) geprägt. Der Begriff »Arbeitsfeld« ist vor allem gebräuchlich im Zusammenhang mit sozialer, gesundheitsbezogener Arbeit, z. B. Arbeitsfeld der Suchtberatung oder auch der ambulanten Krankenpflege. Innerhalb von Verwaltungen oder auch Firmen ist es üblicher, von Arbeitsgebieten bzw. – übergeordnet – von verschiedenen Branchen zu sprechen. Immer geht es um das, was vonseiten einer Organisation erreicht, geschaffen oder produziert werden soll – in jedem Fall eine wichtige Perspektive für Supervision.

Kernaufgaben und Teilaufgaben sowie strukturelle Bedingungen und Zwecke in ihrer Bedeutung zu ermessen, hört sich einfach an, ist es aber nicht. Vielmehr gibt es eine zweite Realität, die Sichtweisen einengt bzw. einen wichtigen Untersuchungsgegenstand darstellt, nämlich – zusammenfassend gesagt – *die Organisationsdynamik.* Organisationsdynamik ist allen Supervisorinnen zunächst aus der praktischen Beratungsarbeit bekannt. Was uns begegnet, sind unterschiedliche Spielarten in und von Organisationen, je nachdem um welche Aufgabengebiete, Arbeitsfelder, Branchen für welche Kunden, Klienten, Patienten, im Rahmen welcher Organisationsformen es sich handelt, und von welchen Berufszweigen diese getragen werden. Es fühlt sich eben anders an, wenn man sich in einer Verwaltung bewegt oder in einem Krisenzentrum für Jugendliche oder in einer Kleinfirma zur Herstellung von Software. Organisational strukturierte Arbeitsinhalte, Arbeitsprozesse, Arbeitsfelder, Arbeitsbeziehungen, Professionsanforderungen und die dortigen Entscheidungsstrukturen prägen oft *charakteristische Kommunikations- und Interaktionsformen,* aktualisieren Genugtuung, Zufriedenheit genauso wie Ängste und Ärger – hier bilden sich nochmals spezifische Dynamiken heraus.

Die Komplexität von Organisationen verdeutlicht Kühl eindrücklich durch seinen Hinweis auf drei Metaphergruppen: Maschinen, Spiel und Fassaden: »Werden Organisationen mit ›Maschinen‹, ›Uhrwerken‹ oder ›Robotern‹ verglichen, wird die Berechenbarkeit der organisatorischen Prozesse markiert. Mit dem Bild der Organisation als ›Spiel‹ wird dagegen in Abgrenzung zur Maschinenmetapher markiert, dass in Organisationen das Leben tobt – und zwar jenseits des offiziellen Regelwerks der Organisation. Mit dem Bild von Organisationen als ›Fassaden‹, ›Bühnen‹ oder ›Theater‹ heben Beobachter hervor, dass es für Organisationen wichtig ist, durch eine geglättete Außendarstellung Unterstützung in ihrer Umwelt zu mobilisieren« (Kühl, 2011, S. 89).

Ein Teil der Dynamik, der uns in Organisationen begegnet, wird auch unter dem Begriff *Organisationskultur* subsumiert, die sich auch arbeitsgebiets- oder branchenspezifisch ausbilden kann. Systemisch wird Organisationskultur im Zusammenhang mit »nichtentschiedenen Entscheidungsprämissen« (S. 116) erklärt, wobei demnach an diesen Stellen Gewöhnung und Erwartungen eintreten, dass sich das irgendwie Eingespielte wiederholt (S. 115 ff.). Relevant für die Organisationssupervision ist es – darauf weist auch Kühl hin – dass die kulturellen Eigenheiten einer Organisation nicht nur in oberflächlichen Symptomen wie Betriebsklima, Kleiderordnung und Kaffeepausen zu verorten sind.

Im Sinne Scheins (1995, S. 29 ff.), der eine etwas andere Sichtweise zur Organisationskultur hat, geht es darum, »Grundprämissen« von Organisationen zu suchen, die sich erst erschließen, wenn wir den Widersprüchlichkeiten nachgehen. In seinem Theoriegebäude bilden Basisannahmen die Grundlage der Organisationskultur; dabei handelt es sich um in der Vergangenheit praktizierte probate Problemlösungsmuster, die im Laufe der Zeit anerkannt und unhinterfragt in die Organisationskultur eingepflanzt werden.

Was mit in den Blick genommen werden muss, um Organisationen zu verstehen, sind weiterhin die vielen, in der Regel nicht schnell zu durchschauenden Außeneinflüsse aus politischen, gesellschaftlichen, sozialen Bezugssystemen. In den Supervisionsprojekten sind dazugehörige Bemühungen und Notwendigkeiten von Organisationen zu erkennen, die etwa zu den bekannten Stichworten Ökonomisierung, Rationalisierung, Digitalisierung gehören.

Umstrukturierungen in Organisationen rufen – wie Supervisoren aus ihrer Praxis wissen – häufig Verunsicherungen hervor. Bedingt durch die ökonomische Globalisierung und die Übertragung von Markt- und Wettbewerbsmechanismen auf nahezu alle Organisationen erfolgt eine fast kontinuierliche Reorganisation, die nach innen hybride Organisationsformen zwischen Hierarchie und Markt entstehen lässt und nach außen mit einer teilweisen, oft strategisch motivierten Entgrenzung von Organisationen verbunden ist, z. B. durch Outsourcing, Franchising oder aufgrund der Flexibilisierung des Personalbestands durch Leiharbeit und Werkvertragnehmende bzw. den Rückgriff auf die Kooperation mit Alleinselbstständigen. In diesem Sinn wird Organisationsdynamik zugleich von außen durch (De-)Regulierungs- und Liberalisierungspolitiken erzeugt.

Funder legt empirische Befunde »zum Wandel betrieblicher Organisationen« vor und führt aus: »Insgesamt ist ein permanentes Reorganisieren geradezu ein Charakteristikum der modernen Organisation [...]. Allerdings ist diesen Prozessen eine widersprüchliche Dynamik inhärent; z. B. nehmen mit dem Abbau hierarchischer Strukturen und klar definierter Abteilungsgrenzen Koordinations-, Koope-

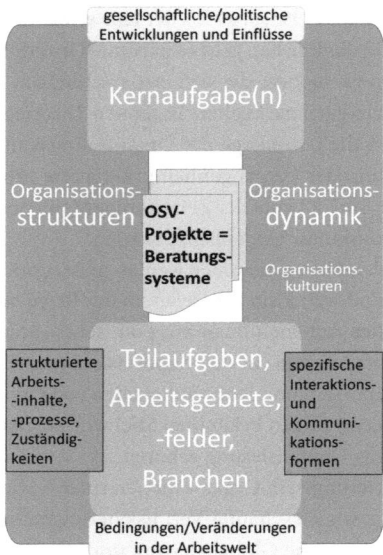

Abbildung 2: Allgemeiner Bestimmungsort für Organisationssupervision

rations- und Kommunikationsanforderungen zu und damit auch die Unsicherheitszonen sowie die innerbetrieblichen Machtspiele. Erzeugt werden so eine Reihe von Dilemmata, Widersprüchen und Paradoxien, die sich nicht so ohne weiteres auflösen lassen« (Funder, 2018, S. 161 ff.).

So erschließen sich unterschiedliche Blickwinkel, die in der Organisationsforschung und eben auch in der Alltagsarbeit von Supervisoren in Organisationen eine große Rolle spielen. Wie durch die Abbildung 2 deutlich wird, zeichnet sich das Territorium von Supervisionsprojekten in Organisationen durch hohe, meist schwer durchschaubare Komplexität aus, in der Organisationsstrukturen und -dynamiken facettenreich wirken, spezifisch geprägt durch Kernaufgaben der Organisation und zugehörige Arbeitsgebiete und Arbeitsfelder, wiederum unterlegt durch große Trends gesellschaftlicher, wirtschaftspolitischer und technischer Entwicklungen. Im Rahmen der jeweiligen strukturierten Arbeitsinhalte und -prozesse bilden sich, wie noch ausführlicher zu beschreiben ist, spezifische Interaktions- und Kommunikationsformen heraus, durch die auch die jeweilige Supervisionsarbeit geprägt wird.

Organisationsmitglieder, Personen, Positionen, Rollen: Supervision bezieht sich auf Personen in Organisationen bzw. – in der Terminologie der Organisationssoziologie – auf Mitglieder, die für die Zwecke der Organisation zur Verfügung stehen. Nach Pohlmann (2016, S. 38) erfolgt durch Organisationen »eine nur teilweise Beanspruchung der Person (Partialinklusion)«. Wie weit und in welcher Weise diese Beanspruchung erfolgt, ist ein bekanntes Supervisionsthema.

Beteiligte an Supervisionsprojekten sind immer Positionsinhaber. Mit den Positionen sind Aufgabenstellungen verknüpft, die sie »erwartungsgemäß« erfüllen sollen. Damit werden die jeweiligen Rollen thematisiert, die Personen in Organisationen einerseits im Rahmen ihrer Positionen zugesprochen bekommen und die andererseits von ihnen selbst gestaltet werden. In jedem Fall geht es um Erwartungen, die an den Positionsinhaber gestellt werden, entsprechende Rollen zu spielen; und es geht um Erwartungen, die der Positionsinhaber selbst an diese Rollen stellt. Nach Weick und Sutcliffe (2010, S. 27) sind Erwartungen ein »integraler Bestandteil der Rollen, Routinen und Strategien in Organisationen«, die sich für Becke (2008) zu »sozialen Erwartungsstrukturen« verdichten.

Organisationssupervisionsprojekte sind jeweils »eingebaut« in das Spanungsfeld von organisationalen/arbeitsfeld- bzw. branchenspezifischen Strukturen und Dynamiken, die wiederum von gesellschaftlichen, wirtschaftspolitischen und technischen Entwicklungen geprägt sind. Das Angebot der Supervision richtet sich an Positionsinhaber, die in Auseinandersetzung damit und mit ihren dazugehörigen Rollen und den jeweiligen Erwartungsstrukturen stehen. Dies ist sozusagen der Boden, auf dem die Konzeptionalisierung von Organisationssupervision aufzubauen ist. Damit ist sehr allgemein der

Bestimmungsort gekennzeichnet (siehe Abbildung 2), der als Ausgangspunkt für die Entwicklung von Supervisionsprojekten anzusehen ist.

1.2 Bestimmungsort speziell: Personenbezogene Dienstleistungen

Allgemein klar und bereits beschrieben ist, dass Organisationssupervision sich auf Personen/Positionsinhaber bezieht, die innerhalb von Organisationen an Arbeitsprozessen beteiligt sind. In der arbeitsfeldorientierten Beratungsform Supervision geht es um Unterstützung durch distanzierte Betrachtung, Überprüfung von Einstellungen, die Zusammenschau von betreffenden, Emotionen auslösenden Situationen und den dahinter stehenden arbeits- und organisationsrelevanten Faktoren.

In der Standortbestimmung »Arbeitswelt« bisher wenig beschrieben ist, welche Arbeit durch Supervision unterstützt werden kann und welche nicht. In der Organisationssupervision befinden wir uns mit unseren Angeboten sehr klassisch in den allermeisten Fällen im Dienstleistungssektor – profit- oder nichtprofitorientiert. Denkbar ist auch, dass Supervision zur Unterstützung in Produktionsbetrieben gefragt ist, allerdings nicht an der Werkbank bzw. in der Werkhalle, nicht an den Planungs-, Fertigungs- und Produktionsstätten, auch nicht in der Finanzkalkulation, sondern immer als Unterstützung für die interaktiven Dienstleistungen im Betrieb: z. B. von Scrum-Mastern, von klassischen Führungskräften, von verschiedensten Teams, die innerhalb der Organisation und mit Kunden/Klienten zusammenarbeiten müssen. Das Entscheidende ist, dass Supervisionsaufträge im »Dickicht von Organisationen« (Heltzel u. Weigand, 2012) sich fast ausschließlich auf *interaktionale* Arbeitsprozesse beziehen.

Das Proprium der Organisationssupervision liegt in der Reflexion und Begleitung interaktioneller organisationaler Prozesse. Die Bedeutung dieser Tätigkeiten wird durch Systematiken und Forschungen der subjektorientierten Organisationssoziologie sichtbar gemacht.

Dunkel und Weihrich (2018) beschreiben interaktive Arbeit als »Leistung eigener Art« und positionieren diese in der jüngsten Entwicklung der Arbeits- und Industriesoziologie folgendermaßen: »Die klassische Arbeits- und Industriesoziologie hat Arbeit vordringlich als instrumentell-gegenstandsbezogenes und planmäßig-rationales Handeln gefasst und vor allem die betriebliche und gesellschaftliche Organisation von Arbeit (kritisch) analysiert. Die Tatsache, dass innerhalb von Arbeitsprozessen Menschen notwendigerweise interagieren müssen, hat dabei keine besondere Beachtung erfahren. Die Besonderheiten sozialer Interaktion waren hingegen ein Kernthema der allgemeinen Soziologie und der soziologischen Theoriebildung. Dort aber haben im Gegenzug die konkreten Ausformungen von Arbeit keine Rolle gespielt. Im Ergebnis war es so, dass sich die Arbeits- und Industriesoziologie mit ›Arbeit‹ und die allgemeine Soziologie und die soziologische Theorie mit ›Interaktion‹ beschäftigt haben – und ihre jeweiligen Begriffe in Abgrenzung voneinander definierten. Arbeit wurde als eine Tätigkeit begriffen und galt nicht als (soziales) Handeln, während Interaktion weder etwas mit Zweckrationalität noch mit Gegenständen zu tun hatte. Erst in jüngster Zeit ist diese soziologische Arbeitsteilung unterwandert worden: Arbeit und Interaktion werden nun zunehmend miteinander verknüpft. Man hat entdeckt, dass soziale Interaktionen für viele Bereiche von Arbeit eine konstitutive Rolle spielen, weil Personen innerhalb des Arbeitsprozesses in Bezug aufeinander handeln müssen, wenn das Arbeitsergebnis realisiert werden soll« (Dunkel u. Weihrich, 2018, S. 201).

Die Auseinandersetzung mit interaktiver Arbeit erfolgte insbesondere hinsichtlich der Dienstleistungsarbeit. Diese ist entsprechend der bekannten Ausweitung dieses Bereichs – wie Jacobsen (2018) beschreibt – mehr ins Zentrum der deutschen Arbeits- und Industriesoziologie gerückt. Die Autorin zeigt auf, dass auf der Basis empirischer Studien zur Dienstleistungsarbeit zentrale Kategorien zur Beschreibung aktueller Umbrüche entstanden sind. Mit Hinweisen auf den grundsätzlichen Strukturwandel von Arbeit und den wirtschaftsstrukturellen Wandel betont sie, »dass das ›Allgemeine der

Arbeit‹ [...] sich heute besonders deutlich in der Dienstleistungsarbeit im weitesten Sinne zeigt« (2018, S. 153). Weiter wird darauf
hingewiesen, dass es entscheidender für die Arbeitssituation ist, »in
welchem Maße Ungewissheit und Risiken den Arbeitsprozess beein-
flussen können als ob das Ergebnis der Arbeit in ein Sachgut oder in
eine Dienstleistung einmündet« (S. 254).

Unsicherheiten auf allen Ebenen, häufig als Folge von Veränderungen der Bedingungen, Anforderungen und Strukturen in Dienstleistungsorganisationen, bilden das zentrale Spektrum organisationaler
Arbeit, auf die sich Supervision und das ihr nahe stehende Coaching
beziehen. Böhle (2011) charakterisiert speziell *personenbezogene
Dienstleistungen* – das genuine Feld der Supervision! – so: »Die Arbeit
mit und an Menschen beschränkt sich jedoch nicht nur auf soziale
Dienste u. ä., sondern ist ein Merkmal nahezu jeder Dienstleistung [...].
Damit geraten Ähnlichkeiten zwischen unterschiedlichen Arbeits-
tätigkeiten und Berufen in den Blick, die bei herkömmlichen Klassi-
fikationen kaum aufscheinen, z. B. Ähnlichkeiten zwischen der Arbeit
bei kundenorientierter Softwareentwicklung, der Beratung im Versi-
cherungsgeschäft, dem Verkauf im Handel und der Pflege und Erzie-
hung [...]. Bei der Interaktionsarbeit ist [...] die soziale Interaktion
der zentrale Inhalt der Arbeit und richtet sich darauf, ein bestimm-
tes Ergebnis zu erzielen [...]. Sie kann, ebenso wie sonstige Arbeit,
betriebsförmig, als Erwerbsarbeit und abhängige Beschäftigung oder
selbständige Beschäftigung organisiert werden« (Böhle, 2011, S. 457).

Im Anschluss an verschiedene Fallstudien (Einzelhandel, Gastro-
nomie, Arbeitsverwaltung und stationäre Krankenpflege) zeigen
Böhle, Stöger und Weihrich (2015) auf (was im Folgenden noch
vertieft werden soll, siehe 2.2), dass personenbezogene Dienstleistungen immer – wenn auch sehr unterschiedlich – *Kooperationsbeziehungen* zu den Kunden herstellen und gestalten müssen, wobei
die Anforderungen an die »Beziehungsarbeit« mit dem Kunden im
Einzelhandel, mit dem Gast, mit Ratsuchenden und mit dem Patienten wiederum sehr unterschiedlich sind. Ein genereller besonderer
Anspruch an die Dienstleistenden wird folgendermaßen gesehen:

»[S]ie müssen ihre eigenen Gefühle und die Gefühle der Kunden bearbeiten; sie müssen zur Bewältigung der Unwägbarkeiten ein spezifisches Arbeitsvermögen einsetzen« (Böhle, Stöger u. Weihrich, 2015, S. 52). Es wird dargelegt, wie »Formalisierung und Objektivierung« sowie die »Entgrenzung von Interaktionsarbeit und die Beschränkung von Ressourcen« die spezifischen Ansprüche der personalen Interaktionsarbeit erschweren (S. 47 ff.).

Interaktionen als wesentlicher Arbeitsfaktor wird erweiternd auch auf *Koordinationsarbeit* bezogen. Becke und Bleses (2015) untersuchen für das Feld sozialer Dienstleistungen Koordinationsarbeit (Management-/Führungsaufgaben) im Verhältnis zur Interaktionsarbeit (hier verstanden als Klientenarbeit). Koordinationsarbeit bezieht sich auf die Organisation oder einen bestimmten Bereich, sie kann aber auch organisations- oder bereichsübergreifend sein oder sich auch auf Netzwerke beziehen. Es wird aufgezeigt, dass sich – als Folge der wachsenden Anforderungen in sozialen (ambulanten) Einrichtungen und aufgrund immer geringer werdender Ressourcen – koordinations- und klientenorientierte Interaktionsarbeiten vermischen: »Die vielfältigen Mischungsverhältnisse zwischen Koordinations- und Interaktionsarbeit bilden […] eine Herausforderung für die Arbeits- und Organisationsrollen von Führungskräften und Beschäftigten, ihr damit verbundenes Selbstverständnis, ihre Arbeitsidentität und ihre subjektiven wie kollektiven Bewältigungsmuster im Umgang mit Anforderungen, die sich aus diesem Mischungsverhältnis ergeben« (Becke u. Bleses, 2015, S. 46).

Beschrieben wird in den erwähnten Forschungen, dass Organisationsangehörige in unterschiedlichen Positionen relativ unvermittelt Aufgaben einer anderen Qualität als der vorgesehenen »eigenen« übernehmen müssen – sehr häufig im Zusammenhang mit fehlenden personalen Ressourcen. Damit werden Situationen charakterisiert, die Supervisorinnen sehr geläufig und oft Thema in dazugehörigen Beratungssituationen sind.

Insgesamt können personenbezogene Dienstleistungen nach Dunkel und Weihrich (2018, S. 211) unter der Perspektive »Interaktionen« folgendermaßen unterteilt werden:

- »Interaktion in der Arbeit: Kooperation und Steuerung von Arbeit« sowie
- »Interaktion als Arbeit: personenbezogene Dienstleistungsarbeit«.

Kollegiale Interaktionen zwischen Peers werden in den genannten arbeitssoziologischen Ansätzen relativ wenig direkt erwähnt. Dunkel und Weihrich (2018, S. 212) zeigen auf, dass die »interaktiven Abstimmungsprozesse« zwischen Beschäftigten, die ja mit der zunehmenden »diskursiven Koordinierung von Arbeit« (Gruppenarbeit, Projektarbeit) eine zunehmende Rolle spielen, bisher kaum in den Blick genommen wurden. Sie verweisen auf die Kritik von Minssen (2001), dass die Industriesoziologie und auch die Arbeitspsychologie die veränderten Kommunikationen in der Gruppenarbeit zu wenig thematisieren. »Mikroprozesse interaktiver Arbeit« – so die Bezeichnung in diesem Zusammenhang – werden eher im Kontext der Interaktion zwischen Kunden und Dienstleistungsorganisation und der dort entstehenden Anforderung, Interessenwidersprüche zu managen, gesehen (Dunkel u. Weihrich, 2018, S. 215). Die von Becke und Bleses (2015) aufgezeigte Mischung von »Interaktions- und Koordinationsarbeit« lenkt den Blick jedoch auch auf Anforderungen, die das Interaktions- und Koordinationsgeschehen von Kolleginnen/Kollegen bzw. die Interaktion von Mitarbeitenden und Führungskräften betreffen.

Die Bedeutung der Kooperation und auch der Kollegialität wird indirekt immer wieder erwähnt. So formuliert Voß (2018, S. 48) dazu: »Gruppen, Organisationen, Netzwerke von Organisationen […] können als Einheiten gesehen werden, die auf Basis der Arbeit der beteiligten Individuen emergente Ergebnisse hervorbringen, die als Produkte ihrer arbeitenden Kooperation und darüber ihrer kooperativen Arbeit zu sehen sind.«

Zusammenfassend kann hier zu der Frage nach dem speziellen Bestimmungsort der Organisationssupervision gesagt werden: Organisationssupervision ist angesiedelt im Bereich der personenbezogenen Dienstleistungen, die im Rahmen von dazugehörigen Organisationen angeboten werden. Organisationssupervision tritt an, die in diesen Organisationen auf unterschiedlichen Ebenen geforderten Interaktionen zu unterstützen. Das Inhaltsspektrum dieser Supervision ist in groben Zügen durch arbeitssoziologische Systematiken und Forschungen erfasst:

Inhaltlich bezieht sich Organisationssupervision auf
– Anforderungen an Mitarbeiterinnen, die personenbezogene Dienstleistungen für Kunden, Klienten, Patienten etc. durchführen; dabei geht es darum, Interaktionen entsprechend den spezifischen Aufträgen zu gestalten: »Interaktionen als Arbeit«;
– Anforderungen an die – diesen Aufgaben zugeordneten – Interaktionen zur Koordination. Dazu gehören Anforderungen an die Gestaltung kollegialer Koordinationsleistungen ebenso wie die Gestaltung von Management- und Führungsaufgaben und die dort auf unterschiedlichen Ebenen zu leistenden Koordinationsleistungen: »Interaktionen in der Arbeit«.

Das jeweilige Leistungsanforderungsspektrum zur »Interaktions- und Koordinationsarbeit« in personenbezogenen Dienstleistungsorganisationen, das sehr unterschiedlich sein kann, bestimmt in hohem Maße die Arbeitsweise, macht spezifische Konflikte verständlich und beinhaltet unterschiedlich geprägtes professionelles Know-how. Die fortlaufende Recherche dazu ist dementsprechend eine Grundvoraussetzung für das Verstehen und Handeln von Supervisorinnen und Supervisoren.

1.3 Anforderungen: Fachlichkeit versus Gewinn bzw. begrenzte Ressourcen

Personenbezogene Dienstleistungen haben – auch bei profitorientierten Dienstleistungen – immer den Anspruch, fachlich gut sein zu wollen. Dieser Anspruch findet sich zunächst auf Foldern und Darstellungen im Eingangsbereich von Dienstleistung anbietenden Organisationen (z. B. Leitbildern in Krankenhäusern). Qualität von personenbezogenen Dienstleistungen erfordert Ausbildung, Austausch, Entwicklungsarbeit, Reflexion und Zeit für die Arbeit mit Kunden/ Klienten. Diese Aktivitäten kollidieren mit anderen Anforderungen, denen sich Organisationen – eben auch Dienstleistungsorganisationen – stellen müssen: schneller Verkauf/Gewinn im profitorientierten Bereich (Druck vom Marketing) bzw. Kostenbegrenzung oder Kosteneinsparung (häufig in NGOs). Fachlichkeit ist in Dienstleistungen also gefragt und gleichzeitig auch immer erschwert. Gerade in Supervisionen gibt es oft ein Bedauern, dass Fachlichkeit nicht mehr oder nur begrenzt zu leisten ist. Zusätzlich geht es dort häufig um eine Auseinandersetzung mit digitalen Arbeitsinstrumenten und der dazugehörigen Arbeitsabläufe (z. B. Dokumentationen im Pflegebereich), durch die eigene Vorstellungen von Fachlichkeit infrage gestellt werden.

Die Anerkennung von Fachlichkeit ist ein hoher Wert, an dem sich Mitglieder von Organisationen orientieren wollen. Dies gilt eben auch für die Arbeitsgebiete personenbezogener Dienstleistungen und die dortigen Verständnisse, wie Interaktionen zu gestalten sind – innerhalb der Organisationen und vor allem in Bezug auf die Kunden, Klienten, Patienten etc. Im Anschluss an ein Projekt über »Ansprüche an Arbeit und berufliche Entwicklung von NormalarbeitnehmerInnen« zeigt Voswinkel auf, »wie nachhaltig fachliche Anerkennung reklamiert und als Basis für Selbstbewusstsein in Anspruch genommen wird. Kritik richtet sich häufig dagegen, dass in Personalentwicklungspraktiken trotz der Rede von der Fach- als Komplement der Führungskarriere das Gewicht einseitig auf die Führungskarriere und die Förderung und Honorierung von Führungskompetenzen gelegt werde. Auch die Bürokratisierung von Abläufen und Kommunikationen gerät immer wieder zum Thema fachlicher Missachtungsklagen. Die ›eigentliche‹ Arbeit soll im Vordergrund stehen – nicht die Selbstdarstellungserfordernisse oder die Dokumentationspflichten« (Voswinkel, 2012, S. 420).

Eine besondere Auseinandersetzung im Dienstleistungsbereich stellt die »Mitsprache« von Kunden, Klienten und Patienten dar, die selbst zum Beurteiler und auch Ermöglicher von Fachlichkeit werden: »Es geht um die Zusammenarbeit von Kunden und Dienstleistern auf Augenhöhe – eine Zusammenarbeit, die sich auch auf die Qualität der Dienstleistung auswirkt, wenn sie gelingt« (Dunkel u. Weihrich, 2018, S. 223).

Bezogen auf die fachlichen Anforderungen in Dienstleistungsorganisationen ergibt sich eine durchgehende Thematik: interaktionelle Arbeit jeweils in Auseinandersetzung mit den strukturellen Begrenzungen qualitätsvoll gestalten zu wollen. Die organisationalen Ansprüche nach Fachlichkeit zu unterstützen, deckt sich – wie noch weiter zu besprechen ist – mit dem Grundauftrag der Supervision. In diesem Sinne kann zunächst allgemein gesagt werden:

Organisationssupervision ist bestrebt, im Rahmen von Arbeitsfeldern bzw. Organisationen für personenbezogene Dienstleistungen einen Beitrag zur Fachlichkeit der interaktionell zu gestaltenden Arbeitsprozesse zu leisten.

1.4 Organisationales Angebot: Soziale Zugehörigkeit und ihre Begrenzung

Pfaff-Czarnecka (2015, S. 8) verweist auf die wissenschaftliche Auseinandersetzung (Anthias, 2006 u. a.) zum Thema »Belonging«. Organisationen spielen bei dem Wunsch, zugehörig zu sein, eine große Rolle. Gleichzeitig wird dieses Angebot dort auch immer wieder zurückgenommen: »In Organisationen trifft das Bestreben der Verantwortung, das Ganze zusammenzuhalten und voranzutreiben, auf das sehr tief verankerte Bedürfnis nach Zugehörigkeit. […] In der Gegenüberstellung zwischen dem tief verankerten Bedürfnis nach der Verbindlichkeit des Zugehörens einerseits und den spätmodernen Erfordernissen der Organisationen, flexibel zu bleiben, andererseits, erhöht sich die Wahrscheinlichkeit, dass Zugehörigkeit instrumentalisiert und ausgehöhlt wird« (S. 11).

Die Wünsche, sich einer Organisation zugehörig zu fühlen, sind begründet durch verschiedene Motivationen, angefangen von geregeltem Einkommen über Identifikation mit dem Zweck der Organisation oder auch dem Wunsch nach Kollegialität (Kühl, 2011, S. 37 ff.). Von Organisationsseite heißt das dazu relevante Stichwort »Mitarbeiterbindung«, was dann nach betrieblichen Gegenleistungen fragen lässt und danach, wie sicher und dauerhaft diese sein werden. Zusätzlich relevant für den Zugehörigkeitswunsch ist die Möglichkeit, dem eigenen professionellen Verständnis entsprechend arbeiten zu können (Volk, 2015, S. 12 f.).

Die Frage der sozialen Zugehörigkeit (Becke, 2018) aktualisiert sich vor allem dort, wo atypische Arbeits- und Beschäftigungsverhältnisse, Soloselbstständigkeiten und Werkvertragsarbeitsverhältnisse vertreten sind und dementsprechend oft auch eine hohe Mitarbeiterfluktuation innerhalb von Organisationen einerseits und anlassbezogene eigenständige Formen der Zusammenarbeit außerhalb von Organisationsgrenzen stattfinden. Holtgrewe (2015) beschreibt in einem Interview Entwicklungen, die hier zu Buche schlagen können: »Projektarbeit, Crowdsourcing, Prekarisierung und Fragmentierung von Beschäftigungsverhältnissen von Sub-sub-Aufträgen, auch mitunter eklatante Ungleichheiten zwischen Kern- und Randbelegschaften […]. Aber das Wichtigste daran ist nicht das Modell, das zur Dramatisierung einlädt, sondern eher die langsam schleichenden Prozesse, in denen Rechte und Zugehörigkeiten zur Disposition stehen und Risiken von Markt oder Finanzierung auf Beschäftigte verlagert werden« (Holtgrewe, 2015, S. 37).

Volk lenkt den Blick auf Teams, die aufgrund organisationaler Flexibilität und Dynamik von Heimatlosigkeit geprägt sind: »Weder lohnt es sich, Konflikte wirklich auszutragen, noch sich an andere wirklich anzupassen. Man hat ja ohnehin nicht lange miteinander zu tun. Das senkt auch das Interesse und die Fähigkeit, neue Kollegen einzuarbeiten und zu integrieren« (Volk, 2015, S. 14).

Tietel (2015) erwähnt Untersuchungen von Heisig und Ludwig in Hightech-Unternehmen, die zeigen, »dass sich positive Gefühle nicht aufgrund der Zugehörigkeit zum Unternehmen entwickeln, sondern aus der Kooperation mit Arbeitskollegen und Erfolgserlebnissen, die sich aus dem konkreten Arbeitsprozess ergeben« (zit. nach Tietel, 2015, S. 24).

Soziale Zugehörigkeit ist eine Dimension, welche die Grundbefindlichkeit von Organisationsmitgliedern mitbestimmt. Wie wir es auch in Supervisionen erleben, können die Zugehörigkeitswünsche sehr unterschiedlich adressiert sein: an die Gesamtorganisation, insbesondere wenn die Gründungsidee oder der professionelle Ansatz einer Einrichtung von den Beteiligten mitgetragen wird, oder auch nur an ein Team, wenn dort die höchsten Loyalitäten liegen – unter Umständen auch in Abgrenzung zur gesamten Dienstleistungsorganisation.

Die Zugehörigkeitsthematik und die daran geknüpften Erwartungen und Enttäuschungen sind verwoben mit dem, was weiter oben als Organisationsdynamik bezeichnet wurde: Sie prägt ebenfalls – oft schwer durchschaubar – Kommunikations- und Interaktionsformen. Organisationsdynamik gestaltet sich einerseits durch die Anforderungen von Organisationen, deren speziellen Aufgaben und Kunden bzw. Klienten, aber sie gestaltet sich auch aus der Bedürfnislage der Mitarbeitenden/Mitglieder dieser Organisation. Von dieser Seite her gibt es Zuordnungs- und Absicherungswünsche und immer auch Ambivalenzen – je nach Identifikation mit der Aufgabe, Zusammenarbeit, dem Professionsverständnis etc. Das Dazugehören in einer Organisation ist attraktiv bezogen auf den Wunsch, in einem sozialen Gefüge aufgehoben zu sein (Pfaff-Czarnecka, 2015, S. 6), wobei das organisationale Angebot der Zugehörigkeit oft nur begrenzt zur Verfügung steht.

Die Zugehörigkeitsthematik zu beachten und zu befragen ist ein wichtiger Bezugspunkt der Organisationssupervision. Sie beinhaltet eine emotionale Fundierung vieler unterschiedlicher Fragestellungen und Aktivitäten, die in der Folge oft Anlass für die Nachfrage nach Supervision sind.

► Praxissequenz 1: Fakten und Einschätzungen zur Organisation –
der Beginn von Organisationssupervision

Für eine kleine Beraterfirma (zwei Coaches: ausgebildete Supervisoren)
stellt sich nach einigen Telefonkontakten und zwei persönlichen Ge-
sprächen in einer Firma folgende Ausgangssituation dar:

Eine aus einem Start-up hervorgegangene Firma in einem ländlichen
Gebiet (inzwischen mit 15 Beschäftigten) bietet spezielle Software-Pro-
dukte an. Der Technik- und der Marketingleiter fragen nach einem Coaching. Im Rahmen eines im Budget vorgesehenen Kontingentes (acht bis
zehn Stunden) haben sie Anspruch auf Einzelcoaching-Stunden, wobei
sie Zeitpunkt, Ziel und Inhalt dieses Angebots selbst definieren können.

Die formulierte Begründung der aktuellen Anfrage der beiden Leiter
lautet: Der schnell wachsende Betrieb und die rasanten technischen Entwicklungen in ihrer Branche erfordern von den Teams und Abteilungen
permanente Veränderungen ihrer Arbeitsstrategien. Von Kundenseite
erfahren sie viel Druck, Neuerungen ohne Komplikationen einzuführen
und Fehler schnellstens zu beseitigen. In dieser Drucksituation müssen
die beiden Führungskräfte ihre Teams bzw. Abteilungen zu guter Arbeit
motivieren können. Im Coaching wird Hilfe dabei erwartet, über ver-
änderte Sichtweisen und gezieltes Vorgehen Konflikte in Teams besser
bewältigen und Mitarbeiterinnen besser motivieren zu können.

Schon in der Anfrage wird deutlich, dass das Coaching selbst einem
großen Druck unterliegt, in kurzer Zeit schnelle Lösungen für schwierige, aus der Position des Coachees bisweilen nicht zu verändernde
Situationen zu erbringen.

Als Voraussetzung zur Klärung der Frage, welches Setting mit welcher – zunächst vorläufigen – Zielsetzung angeboten werden kann, sind
Recherchen notwendig:

–   Um welche Produkte handelt es sich, die von der Firma zur Verfü-
    gung gestellt werden?
–   Für welchen Kundenkreis wird produziert?
–   Wie werden die Kunden erreicht, und wer gestaltet Verkauf und
    Service?

- Wie ist die relativ kurze Geschichte dieser Firma verlaufen, wer sind die Gründungsfiguren?
- Welche Binnenstruktur hat die Firma, welche Professionen sind vertreten, welche Aufgaben werden von wem übernommen?
- Was ist über die Konkurrenz zu erfahren?
- Wie sind Umsatz- und Gewinnzahlen gelagert?
- Welche Grundkonflikte sind schon sichtbar und werden wie gemanagt?
- Wie sehen die beiden Führungskräfte ihre derzeitigen Aufgaben?
- Welche Koordinations- und Interaktionsanforderungen existieren in der Firma?
- Wer fühlt sich wie zugehörig bzw. wer befürchtet was?

Auf der Fährte dieser Fragen, die sicher nicht gleich am Anfang zu beantworten sind, können sich die Supervisorinnen in diesem skizzierten Projekt auf den Weg begeben, um mit den Supervisanden der Relevanz aller Vorkommnisse und Berichte im Kontext dieser konkreten Organisation und ihrer Binnen- und Außeneinflüsse auf die Spur zu kommen.

Kurzkommentar: Supervisorinnen werden diese Fragen immer als selbstverständlich wichtig einschätzen. Trotzdem zeigt die Erfahrung, dass im Zuge der problemorientierten Anfragen, die sich meist schon auf konkrete Interaktionsthemen beziehen, gleich zu Beginn häufig intensiv über aktuelle Schwierigkeiten nachgedacht wird. Die Brisanz der Situation und die dann entstehende Nähe zur Problemsituation verführt dazu, zu wenig zu recherchieren. Wie ich aus eigener Erfahrung und aus Berichten von Lehrsupervisanden weiß, wird oft vergessen, zu eruieren, was diese Organisation, in der die Supervision stattfinden soll, insgesamt leistet (nach außen und nach innen), wofür sie geschaffen wurde (Kernaufgaben), welche Strukturen, Tätigkeiten gut funktionieren, wie sichtbare Schwierigkeiten bisher gemeistert wurden, welche kulturellen Merkmale im Kontext der jeweiligen professionellen Arbeit, der Kern- bzw. Teilaufgaben und der Geschichte der Organisation nachvollziehbar sind. Auch wenn diese Fragen nicht gleich beantwortet werden, ist es umso wichtiger, sie als zu klärende im Auge zu behalten.

2 Reflexions- und handlungsrelevante Konzepte: Ansatzpunkte für Organisationssupervision (Ebene 2)

Nachdem bisher, bezogen auf einige Spots, die Ausgangspunkte für Organisationssupervision umrissen wurden (Ebene 1), geht es nun darum, unter Zuhilfenahme von soziologischen, arbeitssoziologischen und professionstheoretischen Konzepten daran anschließend Ansatzpunkte zu skizzieren, die in der Vielfalt der Fragestellungen des Arbeitslebens in Organisationen Orientierung geben können, auch für organisationsbezogenes supervisorisches Verstehen und Handeln (Ebene 2). Es sind jene Sichtweisen, die den Unterbau zur inhaltlichen und methodischen Ausrichtung der arbeitsbezogenen Organisationssupervision bilden. Die Auswahl von Konzepten ist nicht absolut gültig und kann sicher noch vielfach ergänzt werden, jedoch werden nach meiner Einschätzung mit den folgenden Konzepten Grundsteine sichtbar, die sich als arbeitsorientiertes Fundament eignen, auf dem Organisationssupervision aufgebaut werden kann.

2.1 Interaktionistisches Rollenkonzept/ Konzept Soziale Erwartungsstrukturen

In diesem Abschnitt geht es um Konzepte, die an das Spannungsfeld Organisationsstruktur – Organisationsdynamik anschließen. Der Mainstream in der Supervisionscommunity beschreibt eine vordringliche Aufgabe der Supervision darin, dass Rollenklärungen und Unterstützung zur Rollengestaltung erfolgen sollen – gerade hinsichtlich der Komplexität in Organisationen und der damit einhergehenden Unübersichtlichkeit und Verführung, unreflektiert subtil gestellten Anforderungen Genüge zu leisten.

Der Rollenbegriff ist ein erprobtes, aber auch viel diskutiertes Analysekonzept. In der soziologischen Auseinandersetzung wird rund um diesen Begriff eine Kontroverse zwischen dem »normativen und dem interpretativen Paradigma« (Miebach, 2014, S. 39) geführt.

Sicherlich gestalten gesellschaftliche und auch organisationale Normierungsprozesse Rollenerwartungen mit – sowohl Rollenerwartungen, die einem Organisationsmitglied entgegengebracht werden, als auch Erwartungen, die jemand von sich aus an seine mit einer Position verbundene Rolle(n) stellt. Gegenüber diesen Normierungsprozessen in Distanz zu treten, entspricht dem Basiskonzept der Supervision. Dementsprechend sind hier die interpretativen Paradigmen, vertreten in interaktionistischen soziologischen Rollenkonzepten in enger Beziehung zum Thema Identität (Mead, Turner, Goffman, Krappmann u.a.; Miebach, 2014, S. 40 ff.) konzeptionell unterstützend. Nach Schäfers (2016), der sich auch auf Goffman bezieht, geht es um »die Rollenauffassung aus der Sicht des handelnden Individuums, das aus der angesonnenen Fremdrolle eine Eigenrolle machen will, um so seine personale Identität gegenüber der rollenspezifischen sozialen Identität zu behaupten« (Schäfers, 2016, S. 37).

Für die Organisationssupervision ist es wichtig, im Rollenverständnis und auch in der Rollenanalyse die jeweilige organisationale *Position* als Größe mitzudenken – ist sie doch der Ort, wo Mitarbeitende, in welcher Position auch immer, in die Struktur der Organisation eingebunden sind. Durch die an die Position angehängten Aufgaben werden die Rollen jedes einzelnen Organisationsmitglieds wesentlich mitgeprägt.

Soziologisch gesehen, beschreibt Schäfers das Verhältnis von Position und Rolle folgendermaßen: »Der Rollenbegriff muss komplementär gesehen werden zur zugehörigen sozialen Position, die ein Individuum in einem sozialen Gebilde (wie Gruppe oder Organisation) einnimmt und mit der mehr oder weniger rigide festgelegt ist, was wann wie zu tun ist. Somit kann die soziale Position als der statische Aspekt, das konkrete Rollenhandeln als der dynamische Aspekt des sozialen Handelns angesehen werden« (S. 36).

Personen sind – mit der Organisationsbrille gesehen – also diejenigen, die in Organisationen bestimmte Positionen besetzen und mit Fremd- und Eigenerwartungen umgehen müssen, indem sie entsprechende Rollen einnehmen und gestalten. So übernimmt z. B. die

Ärztin einer Krankenhausstation in ihrer Position als Oberärztin und Stationsleitung – bezogen auf ihre Aufgabenstellung – die Rolle der zuverlässigen Auskunftsperson für medizinische Belange, wobei das ihr entgegengebrachte Erwartungsbündel sehr unterschiedlich sein kann und sich nicht unbedingt mit ihren eigenen Vorstellungen zu dieser Rolle decken muss – sowohl was die Häufigkeit und Intensität der Auskünfte oder was den Personenkreis betrifft (Pfleger, Praktikanten, Angehörige, Patienten oder andere).

Goffman, der stark in der von Mead ausgehenden interaktionistischen Tradition verankert ist, beschreibt die Übernahme von Rollen im Interaktionszusammenspiel. Wie Vester (2010, S. 26) aufzeigt, sind nach Goffman »Menschen keine von der Gesellschaft instand gesetzten Automaten, sondern Gestalter ihrer Rollen«. Das bekannte Konzept *Role Distance* (Goffman, 1961) beinhaltet keine Rollenverweigerung, sondern einen spielerischen Umgang mit den Rollenerwartungen: So »ermöglicht die Verhaltensoption der Rollendistanz eine souveräne und letztendlich erfolgreichere Handhabung der Rolle« (Vester, 2010, S. 27). Ein zentraler Ansatz der Supervision liegt sicher darin, Rollendistanz als Basis zur Reflexion der organisationalen Beeinflussungen und zur Perspektivensuche zu unterstützen – eine wichtige Voraussetzung im Umgang mit widersprüchlichen Erwartungen.

Relevant für die Organisationsdimension der supervisorischen Arbeit ist es, weiterführend nach der Qualität und Beschaffenheit der Rollenerwartungen in Organisationen zu fragen. Diese stehen ja jeweils in Zusammenhang mit kollektiv getragenen Vorstellungen, die in Organisationen wirken. Becke (2008, 2014) spricht in diesem Zusammenhang über »soziale Erwartungsstrukturen« in Unternehmen und definiert sie als »das sozial situierte und innerhalb einer relativ dauerhaften Interaktionsgeschichte hervorgebrachte und sich verändernde, lebensweltlich geprägte wechselseitige Erwartungsgefüge zwischen betrieblichen Akteursgruppen« (Becke, 2008, S. 399).

In dem Konzept »Soziale Erwartungsstrukturen« geraten nicht nur formale Erwartungen zwischen Führungsverantwortlichen und Mitarbeitenden, wie sie in Arbeitsverträgen und Betriebsvereinbarungen geregelt sind, in den Blick, relevant sind vor allem die impliziten Erwartungen, die sich auf eingespielte Formen des Gebens und Nehmens beziehen – sowohl was die Erwartungen zwischen Management und fachverantwortlichen Mitarbeitenden betrifft als auch Erwartungen unter Kolleginnen. »Das soziale Erwartungsgefüge vermittelt Organisationsmitgliedern Orientierung und Erwartungssicherheit, z. B. auf das Verhältnis von erbrachtem Arbeitsengagement und der dafür zu erwartenden symbolischen wie materiellen Anerkennung. Soziale Handlungsweisen ermöglichen Organisationsmitgliedern, bestimmte Ereignisse und Handlungsweisen betrieblicher Akteure einzuordnen. Sie prägen individuelle wie kollektive Deutungen betrieblicher Wirklichkeit« (Becke, 2014, S. 95).

Die Instabilität solcher Erwartungsstrukturen ist vor allem durch das bekannte Phänomen der dauernden *Reorganisationen* gegeben, in der sich immer wieder neue Anerkennungsmodalitäten und Usancen für gegenseitige Unterstützung heranbilden müssen; häufig stehen Enttäuschungen im Vordergrund, dass es nicht so ist wie früher. Diese den Supervisorinnen sehr gut bekannte Symptomatik fordert von Organisationsmitgliedern eine dauernde Auseinandersetzung mit veränderten Rollenerwartungen bezogen auf bisherige, aber auch auf neu einzunehmende Positionen.

Becke und Senghaas-Knobloch (2014, S. 12 ff.) zeigen weiterführend relevante organisationale Erwartungskonflikte auf, die in der einen oder anderen Form häufig Anlass bzw. Inhalt von Organisationssupervision sind. Es handelt sich um vier grundlegende Konfliktkategorien:

1. *Integrationskonflikte:* Widersprüche zwischen Bedürfnissen nach sozialer Zugehörigkeit und der betrieblichen Neudefinition organisatorischer Zugehörigkeitsgrenzen in Veränderungsvorhaben (z. B. Zugehörigkeit nach Leistungsbeitrag),
2. *Reziprozitäts- oder Anerkennungskonflikte:* Widersprüche zwischen erlebtem hohen Arbeitsengagement in Veränderungsprozessen und vergleichsweise geringen Gegenleistungen (Anerkennungsdefizite),

3. *Identitätskonflikte:* Widersprüche zwischen arbeitsbezogenen und beruflichen Handlungsorientierungen von Beschäftigten und betrieblichen Leistungserwartungen,
4. *Vereinbarkeitskonflikte:* Widersprüche zwischen Ansprüchen privater Care- und Rekreationsaktivitäten und betrieblicher Flexibilitätsanforderungen (vor allem in zeitlicher Hinsicht).

Diese Konflikte entstehen zwischen tradierten Gewohnheiten und neuen Ansprüchen in Organisationen, sie können – auch das kennen wir in der Supervision – radikale Formen annehmen und gesundheitsgefährdend sein (z. B. in Form von Dauerstress; Becke, 2014, S. 96). Konflikte und Widersprüche, die auszubalancieren sind, existieren in jedem Fall zwischen Anforderungen aus dem Arbeitsfeld/ Arbeitsgebiet und Begrenzungen oder Prioritäten der Organisationsressourcen, zwischen Fachlichkeit und Verwaltungsanforderungen und zwischen Arbeitsanfall und Personalkapazitäten. Immer sind Erwartungen aus jeweiligen Interessenperspektiven im Spiel.

Die Auseinandersetzung mit *positionsbezogenen Rollen* bzw. die Unterstützung zur *Rollendistanz* ist – wie in jeder Supervision – in der Organisationssupervision ein wesentlicher Ansatzpunkt. Um Organisationsprozesse mit in den Blick zu nehmen, ist es wichtig, Mainstreams der Erwartungshaltungen, die in der Organisation existent sind, mitzudenken. Relevant sind hier großflächige Erwartungsstrukturen und Erwartungskonflikte.

Das bedeutet auch, wie allgemein in der Supervision anerkannt: Nicht die einzelne Person, die Führungskraft oder ein Team allein ist Urheber verschiedener Positionsunklarheiten und Rollenverwicklungen, sondern die Betreffenden sind involviert in organisationale Erwartungsstrukturen und deren Veränderungen, die sich im Rahmen von Organisationen, deren Strukturen und Dynamik abspielen (siehe Abbildung 2). Involviert werden übrigens auch die Supervisorinnen und Supervisoren, was noch aufzuzeigen sein wird.

Die Thematik, dass organisationale Erwartungen – formell oder informell verbreitet – im Zuge von organisationalen Veränderungen mitverändert werden, ist für Supervisorinnen ein bekanntes Phänomen. Organisationelle Erwartungskonflikte unterschiedlicher Art erfordern eine distanzierte Sicht, um Belastungen zuordnen zu können und Fragen der Ausbalancierung widersprüchlicher Interessen angehen zu können. Organisationssupervision stellt sich dieser Realität und hat den Anspruch, Rollenauseinandersetzungen von Positionsinhabern nicht allein auf der Personenebene und im Umfeld der nächsten Erwartungsträger (Kolleginnen, Führungskräfte etc.) zu analysieren, sondern immer im Kontext mit den von außen bestimmten Einflussfaktoren, wobei sich die durch Supervision anzustrebende Unterstützung wiederum auf die jeweiligen, im Supervisionsprojekt anwesenden und dort mit einzubeziehenden Positions- und Rollenträger bezieht.

Die Auseinandersetzung mit organisationalen Erwartungen ebenso wie die Gestaltung von Positionen und Rollen beinhalten wichtige Ansatzpunkte der Organisationssupervision. Die Thematik spielt sich im Binnenraum der Organisation ab und ist strukturell und dynamisch geprägt. Sie charakterisiert den Hintergrund, auf dem dann Supervisionsprojekte bzw. Beratungssysteme zu installieren sind, was weiter unten (Ebene 3) besprochen wird.

2.2 Konzept Interaktionsarbeit

Organisationssupervision bezieht sich – wie oben dargestellt (Ebene 1) auf personenbezogene Dienstleistungen, die nach Böhle (2011) immer mit Interaktionsarbeit verbunden sind. Es ist jedoch weiter zu fragen, welche spezifische Charakteristik diese Arbeit hat und wo es Ansatzpunkte für Organisationssupervision gibt.

Böhle, Stöger und Weihrich (2015) skizzieren übersichtlich ein theoretisches Konzept zur Interaktionsarbeit (Abbildung 3), wodurch die Anforderungen an personenbezogene Dienstleistungen charakterisiert werden. Die Autoren beziehen sich auf Ergebnisse des Pro-

jekts »Arbeitsgestaltung bei Interaktionsarbeit«, durchgeführt von
der Universität Augsburg.

Abbildung 3: Konzept der Interaktionsarbeit/Anforderungen an Dienstleistungsarbeit (Böhle, Stöger u. Weihrich, 2015, S. 199)

Im Folgenden wird zunächst dieser Ansatz mit seinen eingeführten
Kategorien und den damit skizzierten Anforderungen an personen-
orientierte Dienstleistungen nachgezeichnet.

»Kooperationsarbeit«
Dargelegt wird unter dem Stichwort »Kooperationsarbeit«, dass es in
der Interaktionsarbeit immer um die Herstellung von Kooperationsbeziehungen zwischen Dienstleistern und Kunden geht und daher
»*Kooperationsarbeit*« zu leisten ist. Aufgezeigt wird, dass eine
Abhängigkeit zwischen Dienstleistern und Kunden besteht – paral-
lel gesehen zwischen Professionellen und Klientinnen oder auch (wie
oben dargestellt) zwischen Führungspersonen und Mitarbeitenden
verschiedener Bereiche im Zuge von Koordinationsarbeit. Inhalte
der Zusammenarbeit ebenso wie die Qualität der Beziehung und die
Einschätzung des Ergebnisses entstehen oft erst in der Interaktions-

beziehung selbst bzw. werden dort bewertet: »Was erwartet wird, was erfüllt werden kann und was hierfür zu tun ist, muss immer erst ausgehandelt werden […]. Dienstleistungen sind immer Dienstleistungsversprechen, über die nur unvollständige Verträge abgeschlossen werden können. Ob das Ergebnis zufriedenstellend ist, lässt sich erst im Nachhinein feststellen, so dass Vertrauen in der Dienstleisterbeziehung eine wichtige Rolle spielt. Zum Dritten muss immer damit gerechnet werden, dass Kunden und Dienstleister unterschiedliche Interessen verfolgen« (Böhle, Stöger u. Weihrich, 2015, S. 40).

»Gefühlsarbeit« und »Emotionsarbeit«

Weiterhin zentral in diesem theoretischen Ansatz ist, dass auf *Gefühls- bzw. Emotionsarbeit* Bezug genommen wird. Mit den beiden Begriffen wird unterschieden zwischen »Emotionsarbeit«, der Arbeit an den eigenen Gefühlen, und »Gefühlsarbeit«, die Beschäftigung mit den Gefühlen der Kunden.

Emotionsarbeit: Die Interaktions- oder Kooperationsarbeit erfordert ein, auch Supervisorinnen gut bekanntes Management zwischen eigenen Gefühlen und dem Gefühlsausdruck nach außen bzw. den zu erfüllenden Gefühlsregeln. Hier wird Bezug genommen auf Forschungen mit aussagekräftigen Titeln, z. B. von Hochschild (1983): »The Managed Heart. Commercialization of Human Feeling« oder von Rastetter (2008): »Zum Lächeln verpflichtet. Emotionsarbeit im Dienstleistungsbereich«. Böhle, Stöger und Weihrich (2015, S. 40) führen dazu aus: »Emotionsarbeit gilt aus mehreren Gründen als eine besondere Anforderung in der Dienstleistungsarbeit: als Bedingung, um Dienstleistungsarbeit überhaupt ausführen zu können, zur Bewältigung von Stress; um sich selbst (und auch die Kundinnen und Kunden) zu schützen; als eine von der Organisation an die Beschäftigten herangetragene Aufgabe; aber auch als eine selbstentwickelte Strategie zur Erzielung des Dienstleistungsergebnisses.«

Gefühlsarbeit: Hier ist jene Anstrengung gemeint, die die gewünschten Gefühle bei Kunden hervorrufen soll und damit nach Böhle (2011) unmittelbar Qualität und Erfolg der Dienstleistung mitbestimmt. Arbeit »an den Gefühlen ihrer Kunden« dient »der Förderung der Kaufmotivation von Kundinnen und Kunden, der Herstellung einer angenehmen Atmosphäre, der Beruhigung von Patientinnen und Patienten im Vorfeld einer Operation« (Böhle, Stöger u. Weihrich, 2015, S. 40).

Die Autoren weisen auf die Gefahren hin, die Emotions- und Gefühlsarbeit mit sich bringen können: »Besteht bei der Emotionsarbeit die Gefahr darin, dass die eigenen Gefühle manipuliert werden, so liegt bei der Gefühlsarbeit die Gefahr demgegenüber darin, dass die Gefühle der Kundinnen manipuliert werden« (S. 40).

Böhle erweitert den Blick, wenn er beschreibt, dass der Umgang mit eigenen Gefühlen kein Spezifikum der Interaktionsarbeit ist, sondern dass der kontrollierte Umgang mit Gefühlen immer ein Teil des »zweck- und zielgerichteten Arbeitshandelns« ist. Das Modell enthält keine psychologischen Emotionstheorien, auch keine Differenzierung bezogen auf spezifische emotionale Befindlichkeiten, die in unterschiedlichen beruflichen Situationen auftreten können (Haubl, 2018), aber es gibt eine Systematik, in der deutlich wird, wie Gefühlsarbeit strukturell in der Interaktionsarbeit, bei der es um Kooperationsbeziehungen geht, verankert ist.

»Subjektivierendes Arbeitshandeln«

Ausgangspunkt der Überlegungen zu diesem Begriff ist die Beobachtung, dass Dienstleistungsbeziehungen durch Unbestimmtheit gekennzeichnet sind und ein Arbeitsvermögen erfordern, »das auf Faktoren wie Gespür, Erleben und Empfinden beruht und der Bewältigung des Unwägbaren und Unplanbaren dient« (Böhle, Stöger u. Weihrich, 2015, S. 40).

Böhle spricht auch vom »*erfahrungsgeleitet-subjektivierenden Arbeitshandeln*«. Dies umfasst – so die Ausführungen Böhles zum Thema »Arbeit als Handeln« – die sinnliche und selbstständige Erfahrung von Personen in unterschiedlichen Arbeitsprozessen. Im Begriff »subjektivierend« wird die Fähigkeit erfasst, ausgehend von eigenen Gefühlen und eigenem Empfinden Deutungen zuzuführen zu können. Beide Zugänge bzw. deren Kombination werden als relevant für die Erhellung von Unwägbarkeiten eingeschätzt. Sie unterstützen nach Böhle auch eine Einstellung gegenüber Arbeitsgegenständen, die »als bzw. wie ein Subjekt, das in seinem Verhalten nicht vollständig berechenbar und beherrschbar ist, wahrgenommen werden« (Böhle, 2018, S. 182).

Vier Merkmale subjektivierenden Handelns, die im Rahmen von nicht ganz bestimmbaren Dienstleistungsbeziehungen erforderlich sind, werden genannt: »eine dialogisch-explorative Vorgehensweise, die dadurch gekennzeichnet ist, dass im Prozess des Ausführens Lösungswege eruiert und Ziele modifiziert oder überhaupt erst konkret festgelegt werden; eine sinnliche Wahrnehmung, die auch diffuse Informationsquellen interpretieren kann, wie etwa einen Gesichtsausdruck oder eine bestimmte Atmosphäre; ein assoziatives und bildhaftes Denken sowie eine Beziehung zum Arbeitsgegenstand, die nicht auf einer analytischen Distanz, sondern auf Nähe und Verbundenheit beruht« (Böhle, Stöger u. Weihrich, 2015, S. 41).

Aus Untersuchungen unterschiedlicher Arbeitsbereiche leitet Böhle (2018) ab, dass gerade in »technischen und organisatorischen Systemen eine wichtige Funktion menschlicher Arbeit darin besteht, nicht vorhersehbare und in immer wieder neuer Weise auftretende Grenzen der Planbarkeit und der wissenschaftlich technischen Beherrschung zu bewältigen«. Bezugnehmend auf die von Moldaschl und Voß beschriebene »Subjektivierung der Arbeit« (2003) sieht Böhle die spezifische Herausforderung für Menschen im Arbeitsprozess darin, Unwägbarkeiten zu bewältigen: »Bei fortschreitender Verwissenschaftlichung und Technisierung scheint sich die Funktion menschlicher Arbeit zunehmend auf die Bewältigung dessen zu verlagern, was technisch-wissenschaftlich nicht vollständig beherrschbar ist« (Böhle, 2018, S. 182).

Betrachten wir nun die Relevanz und die Reichweite des vorgestellten Ansatzes zur Interaktionsarbeit, so ist zunächst zu bemerken, dass diesem eine breite Palette von beruflichen Tätigkeiten zugeordnet werden kann. Er enthält Kategorien, mit denen prinzipiell sowohl das

Tätigkeitsfeld des Taxifahrers wie auch des Arztes untersucht werden kann. Auf eine gerade für die Supervision relevante Differenzierung weisen Dunkel und Weihrich (2018) hin. Sie zeigen auf, dass die professionelle Situation der Interaktionsarbeiter große Unterschiede in der Gestaltung der Interaktion mit sich bringt. Entscheidend ist für sie die Frage, ob die Interaktionsarbeit als professionell zu charakterisieren ist: »Von genereller Bedeutung für aktuelle Debatten zur professionellen interaktiven Arbeit sind [...] Ulrich Oevermanns (1996) Ausführungen zur Strukturlogik professionellen Handelns, das durch ein ›Arbeitsbündnis‹ zwischen dem Professionellen und seinem Klienten gekennzeichnet sei« (Dunkel u. Weihrich, 2018, S. 207)

In Anlehnung an Oevermann schätzen die Autoren die Interaktion dann als professionell ein, wenn sie im Rahmen eines *Arbeitsbündnisses* stattfindet, bei dem einerseits beim »Profi« ein entsprechendes Maß an fachlicher Unabhängigkeit und Selbstbestimmung liegt, und andererseits Klienten die Bereitschaft zu so einem Arbeitsbündnis entwickeln müssen oder schon mitbringen. Ein Servicearbeiter ist dagegen – wie sie aufzeigen – idealtypisch in einem Kontrolldreieck eng eingebunden: »Der Unternehmer sagt ihm, was zu tun ist, und der Kunde sagt ihm, was zu tun ist« (Dunkel u. Weihrich, 2018, S. 208).

So sind die Überlegungen von Dunkel und Weihrich zur spezifischen Qualität von Interaktionsarbeit, die sie auch mit unterschiedlichen Forschungstraditionen in Beziehung setzen (S. 207 f.) wesentlich und ergänzend für die Supervision. In Supervisionsprojekten ist es in diesem Sinne von hoher Relevanz, ob die Supervisionsteilnehmerinnen in relativer professioneller Unabhängigkeit arbeiten oder sehr eng angebunden sind an organisationale Anforderungen, Vorschriften, Bedingungen (2.3).

Inhaltliche Ausrichtung der Organisationssupervision zur Interaktionsarbeit

Das theoretische Konzept der Interaktionsarbeit erachte ich als besonders wesentlich, um eine Zuordnung der Supervision zum

Arbeitsprozess zu finden und ihre dortigen Anknüpfungspunkte – je nach unterschiedlicher Ausrichtung und Qualität der interaktionalen, kooperativen Arbeitsprozesse. Entlang des theoretischen Konzepts zur Interaktionsarbeit ergeben sich Anhaltspunkte, welche die Organisationssupervision aufnimmt:

– Interaktionsarbeit ist der Arbeitsinhalt der Organisationssupervision. Sie selbst bietet darauf ausgerichtete eigene Interaktionsräume in Form von organisationsbezogenen Beratungssettings an (siehe Ebene 3). Die Grundannahme – dass diese Interaktionsarbeiten als *Kooperationen* immer wieder neu zu definieren sind und dass der Erfolg ein gemeinsamer ist – ist eine Maxime, die immer wieder in Erinnerung zu rufen ist, weil allzu oft alleinige Machbarkeit von der Dienstleisterseite gedacht und auch der Erfolg gern einseitig verbucht wird – auch von Supervisorinnen und Supervisoren!

– Dem Gefühlsspektrum, das in beruflichen Situationen auftritt, wird traditionell in der Supervision eine hohe Bedeutung beigemessen. Der Blick, diese Gefühle in engen Zusammenhang zu den Anforderungen der interaktionellen Arbeit zu stellen, ist als ein Referenzrahmen, der den unmittelbaren Arbeitsbezug herstellt, für die Reflexion der Supervisionen wesentlich; dies betrifft sowohl die Klienten-/Kundenarbeit als auch die organisationale Interaktionsarbeit.

– Die Sicht des »subjektivierenden Arbeitshandels« ist zentral für die Organisationssupervision. Geht es doch gerade darum, die Gestaltungsräume professionellen Handelns (2.3) über Reflexion und Aufbau von Handlungsperspektiven zu unterstützen. Dies betrifft Interaktionssituationen, bei denen es – wie Böhle, Stöger und Weihrich schreiben (2015, S. 41) – um explorative Vorgehensweisen geht, wo Lösungswege zu suchen sind, wo diffuse und situative Informationsquellen zu interpretieren, assoziatives und bildhaftes Denken hilfreich, wo Nähe und Engagement zum Arbeitsgegenstand gefordert ist.

Schon auf der Ebene 1 wurden die vielschichtigen Anforderungen an Interaktionsarbeit deutlich. Das theoretische Konzept der Interaktionsarbeit von Böhle, Stöger und Weihrich (2015) bietet für die Organisationssupervision eine Folie, auf deren Hintergrund die spezifischen Strukturen und Inhalte dieses fordernden Arbeitsgegenstandes »Personenbezogene Dienstleistung« verdeutlicht werden. Dies betrifft sowohl die in Forschungen belegten spezifischen kreativen Leistungen in der Interaktionsarbeit als auch die dabei auftretenden und beschriebenen Emotionsbeteiligungen. Das Spektrum der unterschiedlichen Charakteristiken dieser Interaktionsarbeit (Dunkel u. Weihrich, 2018) trägt zur weiteren Differenzierung der personalen Dienstleistungen bei, auch zur weiterführenden Frage, wann und wozu Organisationssupervision qualitätsfördernd beitragen kann.

2.3 Professionelles Handeln

Der Anspruch auf Fachlichkeit mit der besonderen Ausprägung, die dort vielfältigen Interaktionen professionell zu gestalten (Ebene 1) leitet über zum Professionsverständnis und der Frage, wie Organisationssupervision sich darauf beziehen kann. Im Rahmen der Bestimmung der Funktionalität von Supervision sprechen wir immer wieder davon, dass Supervision professionelles Handeln unterstützen soll. Damit stellt sich die Frage, was unter »professionellem Handeln« verstanden werden kann – hier im Kontext von personenbezogenen Dienstleistungsorganisationen. Im Hinblick auf das vorgestellte Konzept zur Interaktionsarbeit wurde ja schon deutlich, dass es eine allgemeine Grundstruktur von Interaktionsarbeit ist, dass sie sehr unterschiedlich ausgerichtet sein kann: bezogen auf den eigenen Handlungs- und Gestaltungsraum, bezogen auf die jeweiligen Erwartungen von Klientinnen oder Forderungen von Kunden und auch bezogen auf die Dauer der Interaktionsbeziehungen mit diesen; in jedem Fall relevant sind die sehr unterschiedlichen Aufgabenstellungen (siehe Taxifahrer versus Arzt). Im Rahmen der Struktur von Interaktionsarbeit, aber auch im Rahmen der konkreten Arbeitsfelder und Aufgaben ist also zu fragen, ob und wie professionell gestaltend in der Interaktionsarbeit vorgegangen werden kann.

In der Professionssoziologie gibt es sehr unterschiedliche Positionen und Sichtweisen zu dem Spektrum Profession – Professionalität – professionelles Handeln. Vom Trend her schätzen Pfadenhauer und Sander (2010, S. 362) diese folgendermaßen ein: »Die Bestimmung von Professionen über ein Bündel von Merkmalen, anhand dessen sich diese möglichst trennscharf von anderen Berufen abgrenzen lassen, spielt heute insbesondere noch in professions*politischen* Diskursen eine Rolle, die auf Professionalisierung im Sinne einer Höherbewertung bestimmter Berufsgruppen abzielen. Aus professionssoziologischer Sicht im engeren Sinn hingegen wird dieser so genannte indikatorische Ansatz zur Bestimmung von Professionen – in Anbetracht theoretisch anspruchsvollerer Professionsansätze – als überholt angesehen.«

Einen über dieses Merkmalkonzept hinausgehenden Ansatz vertritt Schütze (z. B. 1996, 2000), geprägt von Interaktionismus und Wissenssoziologie. Sein Ansatz erscheint, bezogen auf die Arbeitsthematik, der wir im Bereich der personen- und interaktionsorientierten Dienstleistungen begegnen, sehr angemessen und weiterführend, auch wenn sich dieser vorwiegend auf Arbeitsfelder der Sozialen Arbeit bezieht. Schütze fokussiert – wie Helsper und Tippelt (2011, S. 270) aufzeigen – »stärker auf das Fragile und Paradoxe der Professionellen-Klienten-Interaktion […] vor allem auch im Zusammenhang der Einbettung in routineförmige Organisationsstrukturen«.

Schütze beschreibt, dass im Zuge von Analysen und Verfahren, die als professionelle personenbezogene Arbeit durchgeführt werden – also im Zuge des normalen Prozedere jeder kommunikativen beruflichen Verständigung –, immer wieder Dilemmata den Arbeitsablauf bestimmen, die aber nicht aufhebbar sind und die so angelegt sind, dass man sich in ihnen verstrickt: »Die Paradoxienthematiken des professionellen Handelns richten sich – allgemein gesprochen – auf die nicht-deskriptiven Voraussetzungen und die sich selber unterminierenden Leistungen in den Aufgabenkonstellationen der Kon-

stitution sozialen Handelns und sozialer Interaktionsreziprozität [...].
Mit den institutionellen Strukturkomponenten der Professionen sind
stets zugleich auch Fehlentwicklungspotentiale professionellen Handelns gegeben« (Schütze, 2000, S. 89, siehe auch S. 83).

Wie Buer (2017, S. 55 ff.) aufzeigt, sind Dilemmata nach Schütze
zunächst berufsimmanent, z. b. folgende:

- Nähe versus Distanz,
- Unterstützung versus Kontrolle,
- Begegnung versus Instrumentalisierung,
- Vertrauen versus Skepsis.

Neuberger (1995, S. 91) listet Rollendilemmata für die Führung (ebenfalls eine Interaktionsarbeit) auf, z. B.:

- Gleichbehandlung aller versus Eingehen auf den Einzelfall,
- Aktivierung versus Zurückhaltung (keine Einmischung),
- Bewahrung (Stabilität) versus Veränderung (Flexibilität).

Professionelles Handeln heißt nach Schütze also, solche Dilemmata, die
nicht aufzulösen sind, zu balancieren und weiter mit einem nicht wirklich vorplanbaren, sich entwickelnden Vorgehen zu Rande zu kommen.
In diesem Prozess ist – wie Schütze beschreibt – eine hohe Fehleranfälligkeit gegeben; Reflexion in Form von Supervision (Schütze, 2000,
S. 90) ist nach seiner Ansicht eine Voraussetzung zur professionellen
Gestaltung dieser Arbeitsbeziehung. »Die Problemverwicklungen der
Klienten sowie – sekundär dann auch – der Interaktionsbeziehung zwischen den Professionellen und ihren Klienten machen die Gestaltung
überaus komplexer Handlungsmuster und Arbeitsaktivitäten erforderlich. Gerade indem die Professionellen sich auf die (Mit-)Bearbeitung
der Fallprobleme bzw. Projektaufgaben der Klienten einlassen, geraten
sie in außerordentlich schwieriges Terrain, das nicht auf einfachen,
zweckrational leicht überschaubaren und stets problemlos kontrollierbaren Aktivitätswegen der gezielten Korrektur begehbar ist« (S. 57).

Hier kann nun ein Bezug hergestellt werden zum »subjektivierenden
Arbeitsverhalten« nach Böhle. Geht es dabei um die explorativ-

intuitive Arbeitsweise für nicht durchplanbare Situationen im Interaktionshandeln (siehe oben), so weist der Ansatz Schützes dazu eine deutliche Ähnlichkeit auf: Nach Schütze beinhaltet professionelles Handeln den Anspruch, Interaktionssituationen, die von Dilemmata und Paradoxien gekennzeichnet sind, zu gestalten – auch in Auseinandersetzung mit Organisationsstrukturen (Schütze, 1996).

Professionelles Handeln stellt für alle Formen von personenbezogener Kooperations- und Koordinationsarbeit eine Herausforderung dar, zumal diese in ihren jeweiligen Organisationseinheiten meist von rasant sich verändernden und einengenden Bedingungen geprägt sind (Ökonomisierung, Digitalisierung etc.), wie es die neuere subjektorientierte Arbeitssoziologie beschreibt. Da geht es nicht allein um einen reflektierten Beziehungsaufbau mit Klientinnen oder Patienten, die im weitesten Sinne in ihrer persönlichen oder gesundheitlichen Entwicklung »behandelt« werden, wobei diese Supervisionen zur Balancierung der widersprüchlichen Erwartungen (Dilemmata) in diesem Feld nach wie vor von herausragender Bedeutung sind. Sondern es betrifft auch mögliche Anfragen nach Coaching/Supervision/Beratung von Interaktionsarbeiterinnen der unterschiedlichsten Branchen, die im Rahmen sich rasch verändernder und häufig wenig Sicherheit gebender Organisationen ihre Arbeit professionell gestalten möchten: z. B. Kundenbetreuer im IT-Bereich, Hochschullehrer, die um Drittmittel kämpfen, Koordinationsteams für ambulante Altenhilfe, Teams in Arztpraxen, Medizintechnikerinnen im Krankenhaus, parteipolitische Ortsgruppen, Verwaltungseinheiten aus dem Krankenhaus. Sie alle müssen in ihrer Arbeit einen sensiblen Umgang mit Menschen gestalten, sind emotional gefordert und müssen sowohl den Kunden-, Klienten-, Mitarbeiterkontakt als auch die Zusammenarbeit mit Kolleginnen und die Beziehung zu Vorgesetzten in ihrer Arbeit jonglieren. Sie sind dabei oft überfordert, emotional stark belastet oder häufig durch Organisationsanforderungen daran gehindert, so zu arbeiten, wie professionelle Standards aus Beruf und Praxis und auch offizielle Ziele der Organisation es verlangen.

Arbeitssoziologisch erweitern Demszky und Voß (2018) die Perspektive und zeigen auf, dass die gesellschaftliche Entwicklung der veränderten Arbeitsanforderungen auch nach einem neuen Anforderungsprofil für professionelles Handeln verlangt, das sie als »subjektivierte Professionalität« bezeichnen. Ihre These besagt, »dass Arbeitssubjekten im Zuge einer Entgrenzung und Subjektivierung von Arbeit zunehmend betrieblich die Funktion zugemutet wird, wachsende Widersprüche in ihrer Arbeit nicht nur auszuhalten, sondern aktiv zu bearbeiten. Die aktive Vermittlung fachlicher und – damit konfligierender – meist ökonomisch bedingter außer- oder überfachlicher Anforderungen wird dabei zu einer prekären individuellen Leistung. Die Arbeitenden müssen (sozusagen an und für sich) immer wieder neu und unterschiedlich definieren, was in ihrer Arbeit und für ihre Berufs- und Lebenssituation jeweils professionell ist und wie man das (ggf. gegen Widerstände und nicht selten subversiv) herstellt« (S. 509).

Demszky und Voß weisen darauf hin, dass hier noch nicht einschätzbare Entwicklungen gegeben sind: So ist vielleicht auch im Rahmen von Organisationen ein situativ flexibleres Arbeiten und damit auch eine offenere Form der Anwendung professioneller Standards möglich oder auch notwendig. Dies erfordert wiederum eine »neuartige ›Selbst-Professionalisierung‹«, die jedoch entsprechender struktureller Bedingungen (betrieblich, berufsorganisatorisch, sozialpolitisch etc.) bedarf, wodurch solche Ansätze unterstützt und nicht behindert werden (S. 511).

Gerade in Supervisionen erleben wir, dass viele Formen von professioneller Eigenständigkeit häufig an organisationale und auch an persönliche Grenzen stoßen – so auch die Einschätzung von Demszky und Voß: »Im Moment sieht es aber eher danach aus, dass Betroffene mit den neuen Anforderungen systematisch allein gelassen werden« (S. 511).

Deutlich ist, dass der Umgang mit den Widersprüchen zwischen Außenansprüchen (gesellschaftlich, organisational) und fachlichen Ansprüchen eine Daueraufgabe professioneller Arbeit, eben auch professioneller Beratungsarbeit, ist.

Supervision zwischen Professions- und Organisationslogik

Jede Supervision enthält Themen, die als Dilemmata präsentiert werden und in denen es einerseits um die Verdeutlichung dieser Dilemmata geht und andererseits immer um die Unterstützung der Frage, ob die Beteiligten im Rahmen der Organisation einen für sie und ihr professionelles Verständnis akzeptablen Umgang mit der Situation finden. Sie stehen damit in dem Spannungsfeld, das Buer (2000) eindrücklich beschrieben hat: zwischen Professionslogik und Organisationslogik.

Organisationssupervision berät den Umgang mit Dilemmata, die im professionellen Handeln mit Klientinnen, Kunden, Patientinnen entstehen, sie ist jedoch auch häufig mit Dilemmata beschäftigt, die innerhalb von Organisationen durch das Spannungsfeld von Professions- und Organisationslogik gekennzeichnet sind, z. B.

- wenn Mitarbeiterinnen oder auch Führungskräfte in Krisenzeiten zu viel Stress auf sich nehmen und dabei durch dauernde Überarbeitung die eigene Gesundheit ruinieren;
- wenn die notwendige Sponsoring-Arbeit so viel Zeit und Auswärtstermine kostet, dass Führungspersonen nicht mehr im Haus sein können, um sich um Mitarbeiterbelange zu kümmern;
- wenn eine Supervision von Assistenzärzten dreimal verschoben wird, weil die Ärzte wegen Personalmangels die Stationen nicht verlassen können.

Das letzte Beispiel zeigt, wie auch Supervision mitgerissen wird und in dieses Spannungsfeld zwischen Professions- und Organisationslogik gerät. Die Ärzte könnten – so wie vereinbart – die Supervision zur Reflexion der Situation und die Zeit für eine eigene Standortfindung zwischen den Belastungen durch Patientinnen und den Organisationsanforderungen nutzen. Das ist ihnen wichtig, aber gleichzeitig zählt der von ihnen selbst und vom Krankenhaus (Oberärztinnen) vertretene Anspruch, bei »ihren« Patientinnen sein zu müssen, da ohnehin schon so wenig Zeit für diese zur Verfügung steht. Für den Supervisor, der diese Situation durchaus versteht, gibt es sicherlich Verhandlungsbedarf.

Anzumerken ist hier – wie schon zu Beginn unter dem Stichwort »Organisationsdynamik aufgeführt –, dass die Organisationslogik wesentlich durch gesellschaftliche Außenfaktoren geprägt ist. Besonders staatliche, ehemals staatliche oder gemeinwohlorientierte Organisationen (NGOs) verändern als »hybride Organisationen« ihre Binnenstrukturen und Kulturen rasant. Glänzel und Schmitz (2012, S. 181) beschreiben hybride Organisationen folgendermaßen: »Sie kombinieren staatliche, öffentliche, for-profit- und non-profit-Elemente und brechen damit Sektorgrenzen auf […]. So kreieren HO [Hybride Organisationen] eine neue Funktionslogik, die als Amalgam aus einer *Sach-* oder *Marktlogik* angesehen werden kann […]. Die Gründe für das vermehrte Auftreten hybrider Organisationsformen mögen mannigfaltig sein, doch allgemein gehen sie häufig auf die verminderten Lösungs- und Ressourcenkapazitäten von Regierungen und auch traditionell operierender NPO zurück.«

Der in unserem Kontext zentrale Aspekt ist, dass professionelles Handeln in der Interaktionsarbeit im personenbezogenen Dienstleistungsbereich immer auch Umgang mit Widersprüchen und Dilemmata bedeutet. Gefordert ist dies an den Stellen, wo Gestaltungsarbeit – durchaus im Sinne von »subjektivierendem Arbeitshandeln« und der daran gekoppelten Emotionsarbeit bezogen auf Kooperationsanforderungen – möglich und sinnvoll ist. Der Anspruch der Organisationssupervision, professionelles Handeln zu unterstützen, bezieht sich genau auf diese Gestaltungsräume in Organisationen. Diese zu erarbeiten, was oft sehr schwierig ist, ist bereits ein wesentliches Unterstützungsprogramm der Organisationssupervision und erfordert auch – was noch zu zeigen sein wird – ein offensives Vorgehen von Supervisorinnen und Supervisoren.

2.4 Konzept Organisationale Achtsamkeit

Das Konzept

Der Wunsch, in einem sozialen Gefüge dazuzugehören und in einer Organisation einen anerkannten Platz zu haben – so wurde es in den Überlegungen zum organisationalen Angebot der Zugehörigkeit (Ebene 1) deutlich –, wird häufig enttäuscht und strukturell verunmöglicht. Zugehörigkeit in Organisationen ist jedoch kein romantisches, überflüssiges Gefühl, sondern ein Ausdruck für aktive Beteiligung, durch die eine hohe Identifikation mit der eigenen professionellen Tätigkeit bzw. der Gesamtorganisationen gegeben ist. Die Frage ist, wie diese Beteiligung zu erreichen ist. Die Erfahrung – zunächst aus der Supervisionspraxis – zeigt, dass gerade dann, wenn dauernde Veränderungsprozesse in Organisationen in Gang kommen, Mitarbeiterinnen und Führungskräfte sich oft wenig mit den Neuerungen anfreunden, diese häufig für unsinnig halten und sehr häufig gegenüber der Organisation, bei der sie beschäftigt sind, eine ambivalente Haltung einnehmen, auch dann, wenn ihr Arbeitsplatz in keiner Weise bedroht ist.

Becke (2014) bietet mit seinem Gestaltungskonzept »*organisationale Achtsamkeit*« ein Denkmuster an, das mit Blick auf permanente organisatorische Veränderungsprozesse entwickelt wurde und den Rahmen für Forschungen in unterschiedlichen Unternehmen bietet. Becke und Senghaas-Knobloch (2015, S. 30) beschreiben diesen Ansatz folgendermaßen: »Unter *organisationaler Achtsamkeit* wird hier die Fähigkeit von Unternehmen und ihrer Mitglieder zur Selbstbeobachtung und -reflexion in (permanenten) organisatorischen Veränderungsprozessen verstanden. Sie richtet sich darauf, ungeplante Folgen geplanter Veränderungen für die Entwicklungsfähigkeit von Unternehmen, die Realisierung ihrer Kernaufgaben, ihre Sozialintegration sowie für die Arbeitsqualität von Führungskräften und Beschäftigten möglichst frühzeitig zu erkennen bzw. konstruktiv zu bearbeiten. *Organisationale Achtsamkeit* bezieht sich überdies darauf, unentdeckte Innovationspotenziale in Veränderungsprozessen aufzuspüren und zu erkennen, so dass diese für die Stärkung der Entwicklungsfähigkeit von Unternehmen genutzt werden können.«

Achtsamkeit als Organisationsqualität zu sehen, geht auf Weick und Sutcliffe (2010) zurück. Eindrücklich beschreiben sie Achtsamkeit als das Grundprinzip von High-Reliability-Organisationen wie Feuerwehren, Flugzeugträgern, Krankentransporten u. Ä., die für einen Betrieb sorgen, »der die Brutalität der Prüfungen verringert und den Erholungsprozess beschleunigt«. Eine »Organisation hoher Zuverlässigkeit« beweist nach Weick und Sutcliffe (2010, S. 2) permanente Achtsamkeit, wenn sie

– »kleinere Fehler und Störungen aufspürt,
– groben Vereinfachungen widerstrebt,
– sensibel für betriebliche Abläufe bleibt,
– flexibel zu reagieren vermag und
– die Orte des jeweils größeren Sachverstandes nutzt.«

Becke (2013) führt aus, dass Organisationale Achtsamkeit Voraussetzungen schaffen will, dass Mitarbeitende in Unternehmen und Führungskräfte die Balance von Flexibilität und Stabilität halten können – auch in Zeiten rasanter Veränderungen. Gezielt ist daran zu arbeiten, unentdeckte Innovationspotenziale aufzuspüren. Organisationale Achtsamkeit soll durch ausreichend viele Kommunikationsroutinen auf allen Ebenen der Organisation unterstützt werden, z. B. um auftretende Probleme bei Veränderungen rechtzeitig zu erkennen, zu analysieren und Schritte der Bearbeitung einzuleiten (S. 5 ff).

Organisationale Achtsamkeit und Organisationssupervision

Organisationssupervision lässt sich als ein Instrument ansehen, das die kritische Auseinandersetzung mit Veränderungsprozessen oder sonstigen Anforderungen ermöglicht und z. B. dem Thema Zugehörigkeit und den damit verbundenen Wünschen oder auch Enttäuschungen Platz gibt. Allerdings behandelt Supervision dies zumeist im Rahmen einzelner Subsysteme. Supervisorinnen und Supervisoren können aber auch, abhängig von den jeweiligen Auftragsstrukturen und Beratungsprojekten, unterstützend mitwirken, wenn Kommunikationsbedarf *zwischen* unterschiedlichen Subsystemen oder *zwischen* verschiedenen Hierarchieebenen erforderlich ist.

In jedem Fall kann sich Organisationssupervision der im Konzept der Organisationalen Achtsamkeit propagierten Sensibilität für organisationale Prozesse anschließen. Die Grundorientierung des Konzepts der Organisationssupervision verdeutlicht sich hier. Das Konzept der Organisationalen Achtsamkeit richtet sich jedoch eher an das Gesamtunternehmen. Organisationssupervision wird häufiger angefragt von kleineren Einheiten der Organisation (Teams, einzelne Führungspersonen, Abteilungen etc.) mit der Zielrichtung, das jeweilige professionelle Handeln zu unterstützen, wobei – wie bereits aufgezeigt – Organisationsdynamiken und Strukturen, eben auch Veränderungsprozesse, das professionelle Handeln prägen, was in jedem Fall mitzudenken und mitzuthematisieren ist.

Die Nähe der Organisationssupervision zur inhaltlichen Orientierung der Organisationalen Achtsamkeit ist dadurch gegeben, dass die aufklärende und partizipationsfördernde Stoßrichtung des Achtsamkeitskonzepts der Professionsethik der Supervision (Austermann, 2019) sehr nahesteht. Attraktiv und passend für die Organisationssupervision ist vor allem die Fokussierung auf die sich verändernden organisationalen Arbeitsprozesse, die respektvolle Einstellung dazu und der dem zugeordnete Blick auf die dort arbeitenden Personen.

Das Konzept Organisationale Achtsamkeit ist getragen von dem Bestreben, Unternehmen darin zu unterstützen, psychosoziale Gefährdungen zu vermeiden, den sozialen Zusammenhalt zu stärken und – unter Einbeziehung dessen – die erfolgreiche Erfüllung der Kernaufgaben zu stützen. Dies kann im Sinne eines modernen Arbeitsschutzes auch als Beitrag zu »Decent Work« gerechnet und diese Grundeinstellung als Basis für Organisationssupervision gesehen werden. Auch wenn die Beiträge der Supervision zu diesem Bestreben meist eher kleinräumig sind, ist es doch eine Orientierung, die der supervisorischen Haltung entspricht.

Der Grundgedanke der Organisationalen Achtsamkeit charakterisiert die Grundanliegen der Organisationssupervision: Es geht um die organisationsbezogene Selbstreflexion, die die permanenten Veränderungsprozesse innerhalb und außerhalb von Organisationen im Blick hat. Angestrebt wird auf diesem Weg – ausschnittsweise – die Unterstützung zur Gestaltung von Kooperationsbeziehungen verschiedener Ebenen, wodurch ein Beitrag zur organisationalen und professionellen Identifikation und zur Qualitätsentwicklung der jeweiligen Arbeitsvorhaben geleistet werden soll.

▶ Praxissequenz 2: Organisationale Interaktionen
   als zentrale Supervisionsthemen

In der Kinder- und Jugendpsychiatrie-Abteilung einer Klinik hat sich im Anschluss an eine Ärztesupervision die Notwendigkeit gezeigt, dass die Koordination der unterschiedlichen Berufsgruppen ein zentrales und im Zuge von Alltagshektik immer wieder zu kurz gekommenes Thema ist. Wesentlicher Grund für die Turbulenzen waren verschiedene Umstrukturierungen und aktuelle Anlassfälle in der gesamten Krankenhauslandschaft rund um diese Klinik, die unmittelbare Auswirkungen – sowohl bauliche als auch personelle – auf die Abteilung hatten. Dauernde Umplanungen erhöhten die Herausforderungen.

Die Anregung der Supervisorin, gerade in diesen Zeiten der Umstrukturierungen im Sinne organisationaler Achtsamkeit regelmäßige Reflexionsrunden der für die verschiedenen Berufsgruppen zuständigen Führungspersonen (Pflegeleitung, Ärztliche Leitung, Pädagogische Leitung, Leitung Psychologie etc.) einzurichten, wurde als »Führungssupervision« installiert. Über drei Jahre wurde in diesen Supervisionen die Auseinandersetzung mit den oft schwer verständlichen Anforderungen seitens des Trägers besprochen – immer aber mit der Frage, und da versuchte die Supervision zu unterstützen, wie die Koordination im eigenen Haus intensiviert werden kann. Inhaltlich stand die Kooperation dieser Führungspersonen untereinander im Fokus, aber auch die gegenseitige Unterstützung bei Führungsaufgaben gegenüber den jeweiligen Berufsgruppen. Anlass waren oft Schwierigkeiten, die in den interdisziplinären Teams der Stationen und Ambulanzen auftauchten. Für die unterschiedlichen Ansätze des Konfliktmanagements gab es auch in dieser Gruppe Auseinandersetzungen, aber auch gegenseitige Anerkennung. Für die praktische Koordinationsarbeit wurde bald zusätzlich ein eigener Wochentermin installiert.

So standen die zu leistenden Interaktionen im Sinne von Koordinationsaufgaben im Vordergrund. Immer wieder wurde deutlich, dass die Managementaufgaben im Kontext der Umstrukturierungen das Risiko beinhalteten, dass die Unterstützung der Mitarbeitenden in ihren unterschiedlichen, oft schwer zu gestaltenden Interaktionen mit den Patientinnen und Patienten zu kurz kommen. Im Zuge der Reflexionen in der Supervision rückte die Aufgabe wieder in den Vordergrund, neue und junge Mitarbeitende – und durch die vielen personellen Rochaden gab es davon viele – zu unterstützen, damit sie die Interaktion mit den Patienten »aushalten« und gestalten können. Insbesondere das Thema Gewalt – z. B. die Auseinandersetzung mit vielen Arten von Autoaggression der jungen Patientinnen und Patienten, aber auch mit ihren versuchten Angriffen auf das medizinische Personal etc. – wurde dann in der Führungsrunde besprochen. Die Sensibilisierung erfolgte auch über die Besprechung der eigenen Gefühle und Erfahrungen zum Thema Gewalt in unterschiedlichen beruflichen Situationen. Zu einem Zeitpunkt, wo große strukturelle Veränderungen nahezu abgeschlossen waren, brachte eine der Führungspersonen die organisationale Identität dieses Teams mit einem Vergleich zum Ausdruck, den sie so formulierte: »Ein Patient hat mir erzählt, dass er schon gesund werden möchte, aber dann gar nicht mehr weiß, wer er ist – ohne Krankheit. So geht es uns auch: Wir würden schon gerne arbeiten ohne die dauernden Anforderungen der Direktionen und des Gesamtträgers und ohne die Managementaufgaben für die Umbauten, aber dann müssen wir auch überlegen, wer wir ohne das alles sind und was wir ohne das zu tun haben – also wir müssen uns wieder auf unsere Abteilung, unsere Mitarbeiter und Patienten und auf unsere Führungsaufgaben im Haus konzentrieren.«

Kommentierung: Im Zuge der vielen organisationalen Ansprüche, die in dieser Supervision besprochen wurden, ging es zunächst darum, nicht die Kernaufgabe dieser Abteilung (1.1, 2.2) aus den Augen zu verlieren und die Bedeutung der unterschiedlichen organisationalen Ansprüche – inklusive des hohen Außendrucks in ihren Auswirkungen für die unterschiedlichen professionellen Ebenen – zu begreifen. Innerhalb der Führungssupervision wurde Raum gegeben (3.2), um die Bedeutung der Interaktionsdynamik mit den Patienten – die Kernaufgabe – zu besprechen. Die ebenfalls interaktionell fordernden Führungsaufgaben sind im Verständnis der Organisationssupervision dem zugeordnet zu verstehen (Die Führung von Programmierern oder die Führung von Gartenbauarbeitern stellen andere Anforderungen!). Im Mittelpunkt stand nicht Mangement-Know-how, das trainiert wird, sondern die in unterschiedlichen Reflexionsschleifen zu stellende Frage, wie Führung in dieser Organisation im Kontext mit der hier zu leistenden Basisarbeit zu gestalten ist – aber auch in Auseinandersetzung mit den ebenfalls zu den Aufgaben dazugehörigen Außenanforderungen.

Thematisch ging es in den Supervisionen vorwiegend und auf allen Ebenen um die in dem Modell von Böhle beschriebene Bewältigung von Unwägbarkeiten oder – bezogen auf den Anspruch der professionellen Gestaltung – im Sinne Schützes um die Balancierung von Dilemmata. Das Hauptdilemma für die Führungspersonen bestand darin – kurz gesagt –, dem Anspruch nachzukommen, sowohl innerhalb als auch außerhalb des Hauses zur Verfügung zu stehen und zwischenzeitlich Verantwortung zu übertragen (Hier mussten, wie es allgemein Becke und Bleses beschreiben, »patientenbezogene Interaktionsarbeiterinnen« ebenfalls Koordinationsarbeit übernehmen). In vielen Krisensituationen war es im Sinne der subjektivierten Professionalität notwendig, unkonventionell, organisational nicht immer vorgesehen, aber gut reflektiert und professionell orientiert eigene Wege herauszufinden. Für die Bewältigung der komplexen Aufgabenstellungen erfolgten seitens der Trägerorganisation jedoch kaum oder gar keine Anerkennung. So ging es hier um die von Becke und Senghaas genannten Reziprozitäts- und Anerkennungskonflikte.

Der in dem Böhle-Stöger-Weihrich-Modell nicht psychologisch erklärte, aber strukturell den Arbeitsprozess charakterisierende Umgang mit Gefühlen/Emotionen war ein durchgängiges Thema dieser Supervision. Einerseits die permanente Frage: Welche im organisationalen Umfeld geforderten Interaktionen rufen welche Gefühle bei wem in welcher Position hervor und werden wie in dazugehörigen Rollenerwartungen untermauert oder auch abgelehnt? Andererseits: Welche Gefühle oder Reaktionen sollen durch organisationale Interaktionen erreicht werden? Z. B. Sicherheit bei Patienten und Mitarbeitern, auch in Zeiten höchster Verunsicherung – wobei immer auch zu fragen war, wie weit dies überhaupt zu ermöglichen ist.

Wie an diesem Beispiel, auf das auch im Folgenden Bezug genommen wird, gezeigt wird, können die skizzierten arbeitssoziologischen und professionstheoretischen Konzepte Orientierung geben. Organisationssupervision nutzt die aufgeführten Konzepte, um die Fokussierung auf die jeweiligen zu den Kern- bzw. Teilaufgaben gehörigen Interaktionen zu verdeutlichen, aber auch um die jeweilige inhaltliche Ausrichtung der Beratungsarbeit bzw. die Unterschiedlichkeiten von Supervisionen in Organisationen präziser erfassen zu können. Eine wichtige Frage der so ausgerichteten Supervisionen wird sich immer wieder aktualisieren, nämlich jene, ob bzw. in welcher Weise in Organisationen professionelle Gestaltung möglich ist und wie sehr es gelingen kann – in Auseinandersetzung mit den Erwartungsstrukturen –, den Prozess der »organisationalen Achtsamkeit« zu unterstützen. Derart werden die spezifischen Möglichkeiten der Organisationssupervision, aber auch ihre Grenzen sichtbar.

3 Methodisch-didaktische Konzipierung von Organisationssupervision (Ebene 3)

Ebene 1 hat Bestimmungsorte und Anforderungen sowie Angebote von Organisationen aufgezeigt, denen arbeits- und organisationsorientierte Konzepte (Ebene 2) zugeordnet wurden. Auf diesem Weg ergaben sich erste begründete Ansatzpunkte für Organisationssupervision. Diesem Unterbau kann nun die methodisch-didaktische Konzipierung von Organisationssupervision aufgesetzt werden: zunächst vier thematische »Bausteine« und dann abschließend die integrierende Rollenangebotssystematik als Grundstruktur für ein methodisches Vorgehen.

Die wesentliche Dimension dieser Ebene liegt darin, dass es hier nun um Interaktionsräume geht, welche die Supervision selbst in Organisationen zur Verfügung stellt. Für diese erfolgt im Sinne der Organisationssupervision eine reflektierte Mitgestaltung von organisationalen Interaktionen. Dazu gehört es auch, die an die Position der Supervisorin bzw. des Supervisors herangetragenen Erwartungsstrukturen zu erfahren, diese theoretisch zu systematisieren, ihnen jeweils spezifische Bedeutungen zuzuschreiben und die konzeptionell akzeptierten Rollen in der Praxis aktiv zu gestalten.

3.1 Auseinandersetzung mit Erwartungsstrukturen: Entwicklung adäquater Beratungssysteme

Wie aufgezeigt, existiert in dem Spannungsfeld Organisationsstrukturen-Organisationsdynamik ein komplexes Erwartungsgefüge, das auch die Anfrage nach Supervision bestimmt. Erwartungen an Supervision müssen von angefragten Supervisorinnen eruiert und anschließend ausgehandelt werden. Die Erwartungsbündel an die Supervisoren selbst werden weiter unten besprochen. Hier geht es zunächst um die Entwicklung von Supervisionsprojekten, die im Dschungel einflussreicher Faktoren (1.1) zu konstruieren und reflektieren sind. Die sozialen und organisationalen Erwartungsstrukturen bilden dabei eine wichtige Folie für grundlegende Recherchen.

Abbildung 4 zeigt die Komplexität eines organisationalen Umfeldes, wie es jede Supervision umgibt. Im Rahmen der schon in Abbildung 1 und im Text gezeigten Binnen- und Außeneinflussfaktoren wird auf Anfrage und unter aktiver Beteiligung der Supervisorin ein Beratungssystem oder – anders formuliert – ein Supervisionsprojekt installiert. Der Bezug zu dem arbeitswissenschaftlichen Konzept der Sozialen Erwartungsstrukturen liegt darin, das genau diese von größter Wichtigkeit sind, um kurz- (für die Anfangsphase), mittel- und langfristig zu verstehen, wie die Erwartungsmuster zwischen den unterschiedlichen Positionsinhabern verlaufen und wie sie sich in der Anfragesituation zeigen (siehe Praxissequenz 1). Supervisoren müssen auf diesem Weg eine vorläufige Expertise erstellen, um die Entwicklung von Supervisionsinhalten und Settings fundiert mitgestalten zu können. Erinnert sei daran, dass in der Auseinandersetzung mit den Mainstreams an Erwartungen auch ein guter Zugang zur Organisationsdynamik erfolgen kann.

Die Aushandlungen zur Konstituierung von Supervision erfolgen in dem inzwischen allgemein bekannten – immer noch wenig praktizierten – Modus der triangulierten Grundstruktur der Supervision (Gschosmann, 2017), also in der organisationalen Dreierkonstellationen der Anfrager- und Auftraggeberseite sowie der Supervisorinnen und Supervisoren als Vertreterinnen und Erbauerinnen der Beratungssysteme. Die hier anstehenden Aushandlungen sind allerdings – entsprechend dem arbeitsorientierten Organisationssupervisionsansatz – immer auszurichten auf das Aufgabenprofil der Beteiligten im Supervisionsprojekt, die verschiedenen personalen Dienstleistungen, die dazugehörige Interaktionsarbeit und – nicht zu vergessen! – die Kundinnen, Patienten oder Klienten.

Die Planung von Organisationssupervisionen ist ein aufwendiger Prozess, in dem die Schritte zur Auftragsklärung, der Setting- und Kontraktentwicklung und zu späteren Zeitpunkten der Evaluation und Rückmeldungen geplant und durchgeführt werden. In dem Dschungel von Strukturen und Dynamikprozessen (siehe Abbildung 4) gilt es auch, zu untersuchen, ob andere Supervisorinnen/Beratende »am Werk« sind, wobei die Frage möglicher Kooperationen im Sinne von Synergien mit der Auftraggeberseite zu besprechen ist (Gotthardt-Lorenz u. Knopf, 2016; Sanz, 2014).

Abbildung 4: Entwicklung von Beratungssystemen bzw. Supervisionsprojekten

3.2 Supervisorischer Interaktionsraum für sozioemotionale Interaktionsthemen

Der Grundansatz von Organisationssupervision besteht darin, Angehörige bestimmter Organisationen in der professionellen Gestaltung ihrer personenbezogenen Dienstleistungen zu unterstützen. Die dabei in Organisationen auftretenden belastenden Vielschichtigkeiten – das Zurechtfinden in komplizierten Arbeitsabläufen, in verwirrenden und schwierigen Kommunikationsstrukturen, oft geprägt von unklaren Zielvorstellungen und Aufgabenstellungen etc. – sind Anlässe und Inhalte von Organisationssupervisionen. Aus dieser erfahrbaren und oft auch belastenden Komplexität leitet sich die Grundrichtung der Organisationssupervision ab, nämlich mit Teilnehmenden von Organisationsgruppierungen oder mit einzelnen Positionsträgern an der emotionalen Bewältigung, am Verstehen und der Perspektivenfindung von komplexen Arbeits- bzw. Interaktionsprozessen zu arbeiten.

In den unterschiedlichen Supervisionssettings von Organisationen, d. h. in den dafür eingerichteten Interaktionsräumen, kann an allen Fragestellungen – betreffend Anforderungen, Konflikte und Einflüsse – zur Interaktionsarbeit und auch zur Koordinationsarbeit im Rahmen von personenbezogenen Dienstleistungen gearbeitet werden. Die jeweilige Schwerpunktsetzung wird über den Auftrag, den Kontrakt bzw. die dortigen Kontraktentwicklungsschritte geregelt. Das Instrument der Organisationssupervision ist konzeptionell so aufgestellt, dass der Fokus der Reflexionsarbeit deutlich auf Emotionen, Unstimmigkeiten und Vorhaben in den diversen Interaktionsgeschehen und ihren organisationalen Bedingungen liegt – jeweils bezogen auf die Anforderungen und Aufgaben, welchen den Beteiligten als Inhaber professioneller und hierarchischer Positionen obliegen. Vom Verständnis her bezieht Organisationssupervision die differenzierte Sicht von Böhle, Stöger und Weihrich bzw. von Weihrich und Dunkel zur Interaktionsarbeit ein, insbesondere die spezifischen, in der Regel immer zu gering eingeschätzten Leistungen der Emotionsarbeit und des »subjektivierenden Arbeitshandelns«.

Organisationssupervision als eigenes Interaktionsfeld ist selbst ein recht komplexes Geschehen. Vom inhaltlichen Fokus her geht es immer um die Dienstleistungsarbeit am Klienten, Kunden und sonstigen Adressaten. Interaktionelle Dienstleistung in diesem Sinn sind auch Führungsarbeit und Koordinierungstätigkeiten. Hier geht es dann entweder um Interaktionen zwischen Führungspersonen und Mitarbeiterinnen bezogen auf deren organisationalen (interaktionalen) Aufgaben oder auch um Koordinationsarbeit mit benachbarten Stellen innerhalb und außerhalb der eigenen Organisation. Koordinationsarbeit wird nicht zuletzt in jeder Hinsicht von Teams geleistet. Die Fragestellung, wie die Interaktionen in einem Team gestaltet werden, welche Anforderungen und welche Schwierigkeiten hier liegen, ist eine traditionell für Supervision sehr wichtige Thematik (z. B. Obermeyer u. Pühl, 2015; Weigand, 2017).

Häufig rücken organisationale Anforderungen in der Supervision in den Vordergrund, vor allem dann, wenn diese nach Einschätzung der Beteiligten die direkten beruflichen Tätigkeiten behindern, z. B. undurchsichtige Regelungen, zu wenige Ressourcen und – was immer wieder genannt wird – schnelle organisationsstrukturelle Änderungen, deren Sinn nicht nachvollziehbar gemacht wird (siehe Praxissequenz 2). Das Sich-selbst-Einfinden in neue bzw. herausfordernde organisationale Anforderungen – beeinflusst durch die bekannten gesellschaftlichen Megatrends – ist nach meiner Erfahrung ein durchgängiges Thema in Supervisionsprojekten in Organisationen, wozu es auch gehört, Zusammenhänge zu verstehen und eigene differenzierte Positionen, bezogen auf die professionellen Herausforderungen, zu finden.

Wie ich an anderer Stelle ausgeführt habe (Gotthardt-Lorenz, 2009b), hat das Angebot der Organisationssupervision jenen Charakter, den Tietel (2003, S. 29) dem sozioemotionalen Raum in Organisationen zuordnet: »Der intermediäre Raum (auch potentieller Raum oder Möglichkeitsraum genannt); der Raum, in dem unverdauliche, nicht-symbolisierte Affekte und Vorstellungen aufgenommen und transformiert werden können; mit Projektionen zugestellte Räume ebenso wie Hohlräume, in die etwas Neues einrücken kann; Räume, die sich öffnen für die Wahrnehmung von Vielschichtigkeit, für das Tolerieren von Ambivalenzen, für Unterscheidungen und für Perspektivität.«

Organisationssupervision bietet eigene Interaktionsräume an, in denen an Ort und Stelle, Interaktionen zwischen Mitarbeiterinnen, Führungskräften und Supervisorinnen stattfinden – die oft ein exemplarisches Umgehen zeigen, das in der Organisation auch sonst üblich bzw. notwendig ist – und im Sinne Wellendorfs (2000) ein wichtiges Reflexionsfeld bieten, um »live« organisationale Interaktionen sichtbar werden zu lassen. Eine der wichtigsten supervisorischen Zugänge, das Interaktionsfeld der Supervision zu nutzen, besteht darin, die dort stattfindenden Interaktionsprozesse erlebbar in den Zusammenhang mit den sonstigen, breit gestreuten Anforderungen zu bringen: Anforderungen aus dem Binnenraum der Organisation, im Kontext der bestimmenden Außenfaktoren, vor allem Anforderungen aus den zentralen beruflichen Interaktionsfeldern mit Klientinnen, Kunden, aber auch mit (Team-)Kolleginnen und – für Führungskräfte – mit Mitarbeitenden (siehe Abbildung 5).

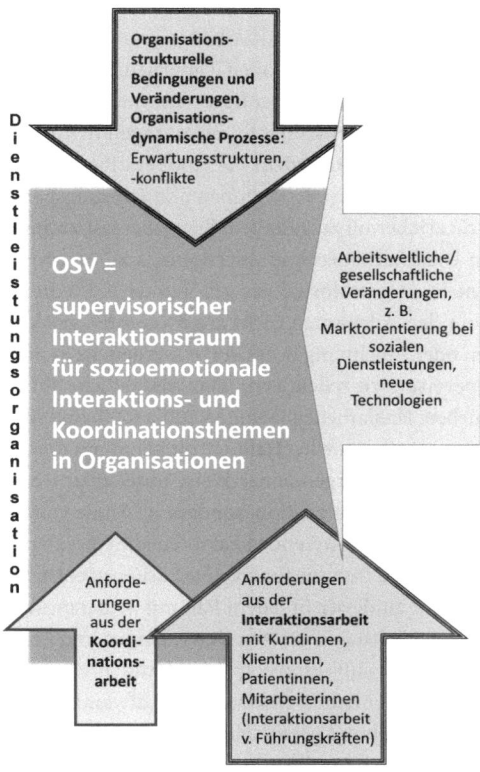

Abbildung 5: Interaktionsraum Organisationssupervision

3.3 Fokussierung auf die Unterstützung professionellen Handelns

Wenn Supervision ihrem Skript treu bleibt und professionelles Handeln unterstützen will, so geht es gerade darum, in den vielen widersprechenden, durchaus im Einzelnen logischen Anforderungen von Organisationen genau diese professionellen Umgangsformen trotz oder in Bezug auf die erkennbaren Widersprüche zu unterstützen. Was heißt das?

Wenn wir Supervisionsprojekte durchführen für ein Callcenter, für das Gastgewerbe, für Ärzte, Sozialarbeiter oder eben auch Führungskräfte und auch für Ein-Personen-Unternehmen mit personalen Angeboten, so existiert dort in der Regel das Anforderungsprofil, Missverständnisse, Interessenkonflikte, Belastungen in einem gewissen Maß auszuhalten und trotzdem die Kooperationen mit Patienten, Klientinnen, Kunden bzw. Kolleginnen und Führungspersonen sorgsam und rücksichtsvoll zu gestalten. Die dabei fast zwangsläufig entstehenden Unsicherheiten und Aversionen sind im professionellen Handeln nicht ausgeschlossen, sie gehören dazu. Wenn Hilfen oder Dienste von den Adressaten nicht angenommen werden oder mit Aggression oder Ablehnung beantwortet werden, ist es möglich, dies in der Supervision zu reflektieren. Das wissentliche Aushalten von Widersprüchen, Unklarheiten (Schütze, 2000, S. 90) und Ablehnungen gehört mit zur professionellen Haltung, die allerdings durch Reflexion und Distanzierung in irgendeiner Weise unterstützt werden muss – nicht im Sinne einer Resignation, sondern im Sinne von Zuordnung und Verstehen der erschwerenden Faktoren, die soweit erfolgen, dass wiederum Kraft und Fantasie für kreative Lösungen entstehen können.

Erschwerend zu dieser in jedem Fall mit Widersprüchen einhergehenden Professionslogik wirkt in Unternehmen und Einrichtungen oft das, was der Organisationslogik zuzuordnen ist: Einsparungen personeller und zeitlicher Ressourcen, Aufwand für technische Abläufe versus gewohnter persönlicher Kommunikation (z. B. die viel zitierte Dokumentationspflicht von Pflegekräften), geforderte hohe Geschwindigkeiten der Dienstleistungen, hohe Kontrollfrequenz.

Trotz der bekannten Behinderungen durch die Organisationslogik ist weiter zu fragen, ob und wie für Mitarbeitende und Führungskräfte dem Gefühl der Zugehörigkeit und den Möglichkeiten zur Identifikation mit der eigenen Arbeit Raum gegeben werden kann (1.4) – ein wichtiges, oft wenig sichtbares Fundament, um gut professionell arbeiten zu können. In jedem Fall muss sich eine dort angefragte Organisationssupervision im Spannungsfeld zwischen zwei relevanten Logiken behaupten und ihren Platz finden, in enger Verbindung zur Professionslogik, aber auch in Akzeptanz der jeweiligen Organisationslogik.

Sowohl die Beurteilung des Auftrags als auch die Ausrichtung der einzelnen Kontrakte gestaltet sich notwendigerweise unter der Fragestellung, wie die einzelne Supervision die Qualität der zu leistenden Interaktionsarbeit in den jeweiligen Arbeitsfeldern unterstützen kann, wobei Supervision selbst die Funktion der kritischen Dienstleistung zukommt. Organisationssupervision ist jedoch kein Instrument zur Festlegung von Leitlinien und Qualitätsmaßstäben für die Gesamtorganisation, sie ist vielmehr eine Methode, die dazu dient, Mitarbeitende und Leitung im Rahmen der konkreten Supervisionsprojekte darin zu unterstützen, bei der Selbstreflexion Qualitätsentwicklung durchzuführen.

Mit dem arbeitssoziologischen Fundament und dem Modell der Interaktionsarbeit nach Böhle, Stöger und Weihrich bietet sich – und das ist auch beabsichtigt – ein sehr breites Spektrum von Arbeitsfeldern an, deren Beteiligte durch Supervision unterstützt werden können: Die schon zitierte Taxibranche einerseits und Profis aus dem Gesundheitssystem, z. B. Ärzte oder auch Psychotherapeuten, andererseits. In der Regel wird Supervision ja angefragt aus Bereichen, wo – um an die Gedanken von Dunkel und Weihrich anzuschließen (2.2) – Arbeitsbündnisse das Zentrum der professionellen Tätigkeit sind, die mit einer professionell begründeten fachlichen Eigenständigkeit »bedient« werden. Supervision ist traditionell erfahren darin, diese beziehungsorientierte Arbeit, wozu in gewisser Hinsicht auch Führungstätigkeiten zählen, zu unterstützen.

Darüber hinaus existieren aber doch auch andere Supervisions-projekte, die sich auf Arbeitsfelder beziehen – wie das Taxigewerbe oder auch Flug- oder Bahnpersonal –, deren berufliche Tätigkeit keine längerfristige Beziehungsarbeit beinhaltet, sondern qualifiziertes Know-how für ausgegrenzte, an enge Vorschriften gebundene Tätig-keiten erfordert. Diese Tätigkeiten supervisorisch zu unterstützen, wenn sie angefragt werden, erfordert zunächst die Bereitschaft von Supervisoren, sich in die Struktur der jeweiligen Interaktionsarbeiten, die unterstützt werden sollen, hineinzudenken und damit zurechtzu-kommen, dass diese Berufs- und Arbeitsfeldspezifik auch die Arbeits-beziehung zum Supervisor prägt.

Arbeitssoziologisch fundierte Organisationssupervision, die inspiriert ist von dem Forschungsgeist dieser Wissenschaftler, sichert in gewisser Weise den in der Supervision generell gegebenen Anspruch ab, als Supervisorin eine Kompetenz zur Verfügung zu stellen, die das Erkennen von speziellen Eigenarten beruflicher, im weitesten Sinne professioneller Tätigkeiten ermöglicht. In diesem Zusammenhang ist auch die immer wiederkehrende Frage nach der Branchenkenntnis zu verstehen.

Die supervisorische Unterstützung von professionellem Handeln in Organisationen erfordert demnach, nicht nur – wie schon erwähnt – Kenntnis der jeweiligen Organisationsstruktur und -dynamik. Darüber hinaus ist es erforderlich, Interaktions- und Koordinationsarbeit sehr differenziert betrachten zu können bezogen auf deren professionelles/berufliches Anforderungsprofil. Gleichermaßen gilt es, die dadurch mitgelieferte Prägung der Supervision zu reflektieren. Die durch die arbeitssoziologischen Konzepte geprägte Organisationssupervision setzt hier einen deutlichen konzeptionellen Schwerpunkt, was bedeutet, dass in den Supervisionsprojekten immer das Bemühen gegeben ist, gemeinsam mit den Supervisandinnen und Supervisanden die Cha-rakteristik der Arbeitsprozesse und ihre übergeordneten, z. B. berufs-politischen oder marktbedingten Fragestellungen zu erkennen. Auf die-sem Hintergrund kann auch klarer werden, ob und in welcher Weise professionelles Handeln durch Supervision unterstützt werden kann.

3.4 Supervisorische Position und Haltung: Nähe-Distanz-Bestimmung

Organisationen machen grundsätzlich (zumindest phasenweise!) ein Angebot zur sozialen Zugehörigkeit (Ebene 1), häufig auch an Supervisoren, was – insbesondere dann, wenn diese als Ein-Personen-Unternehmen arbeiten – recht attraktiv ist. Eine Nähe zu den Kernaufgaben, ein Interesse an den jeweiligen beruflichen Tätigkeiten, eine Kenntnis der relevanten politischen und gesellschaftlichen Hintergründe ist ja auch angezeigt, um Arbeitsweisen und Konflikte zumindest im Überblick verstehen zu können. Tiefer gehendes Verstehen braucht mit Rücksicht auf die Komplexität von Organisationen, ihren Veränderungen und ihren Arbeitsansätzen häufig einige Jahre der prozessorientierten Zusammenarbeit, was einerseits die längerfristigen Beratungsprozesse oft verständlich und funktional macht und andererseits ebenso etwa die Usancen aufzeigt, dass Supervisorinnen in einem Haus viele unterschiedliche Aufträge übernehmen (als »Haussupervisor«: Heltzel u. Weigand, 2012, S. 197 ff.).

Das arbeitswissenschaftliche Konzept der »organisationalen Achtsamkeit« geht ebenfalls von guten Insiderkenntnissen und langen Forschungsprozessen aus. Insiderkenntnis ist nicht unbedingt der Anspruch der Supervision, da dadurch auch zu viel Nähe hergestellt werden kann. Was Organisationssupervisorinnen jedoch benötigen, ist – wie schon angedeutet – genügend Branchen- oder Feldkompetenz. Dabei geht es nach meiner Einschätzung vor allem um »Korrelationskompetenz« (Gotthardt-Lorenz, 2002), d. h. die Fähigkeit, das aktuelle Supervisionsgeschehen in Korrelation zur Situation im Arbeitsgebiet/-feld oder zur Branchentypik sehen zu können, auch zu den Erwartungen und Ablehnungen, die von Kunden-, Klienten-, Patientenseite die Kultur und Thematik in dem Supervisionsprojekt mitbestimmen.

Der Anspruch der forschenden Haltung im Konzept der »organisationalen Achtsamkeit«– nicht die qualitative Forschung selbst – lässt sich, wie schon früher beschrieben, durchaus auf Supervision übertragen (Gotthardt-Lorenz, Hausinger u. Sauer, 2017). Das Spannungsfeld von Beauftragung und aufklärender und begleitender Supervisionsarbeit erfordert genau diese explorierende Offenheit. Voraussetzung für eine supervisorische Position und Haltung ist eben die notwendige Distanz, die den Blick frei macht für die zu leistende Metareflexion zur »Interaktionsarbeit Supervision«, zu der dort beschriebenen Gefühlsarbeit und dem eigenen »subjektivierenden Handeln«. Es gilt zu reflektieren, wie es gelingen oder nicht gelingen konnte, mit Widersprüchen in der Supervisionsarbeit – z. B. mit widersprüchlichen Erwartungsbündeln an die Supervision – professionell umzugehen, welche »Antennen« organisationaler Achtsamkeit funktioniert haben, wann und wo das gerade gar nicht ging und warum.

Eine Prägung der inhaltlichen Ausrichtung der Organisationssupervision durch das Konzept der organisationalen Achtsamkeit ist in der Weise wahrnehmbar, dass Organisationssupervision den für viele Supervisionen relevanten Kontext der Veränderungen und die dort geforderten Umorientierungen in der Regel von Beginn an als Thema mit in die Vorgespräche und Kontraktentwicklungen aufnimmt. Eine Organisationssupervision, die offensiv diese Thematik beachtet, begibt sich nicht – was leicht passiert – in eine reine Kompensationsfunktion, sondern hält die stetige Auseinandersetzung mit Veränderungen aufrecht – auch im Bereich der Klienten- und Kundenarbeit. In diesem Sinne stützt das Konzept der organisationalen Achtsamkeit die zur Organisationssupervision gehörende Haltung, aktiv an dem Erkennen und der Besprechbarkeit von betreffenden Einflüssen in Organisationen zu arbeiten und entstehende Initiativen zu fördern.

Organisationssupervisoren tun dies mit genügend Einfühlung in die und Respekt vor der in der Organisation von Mitarbeitenden und Führungskräften geleisteten Arbeit. Sie arbeiten jedoch in gleicher Weise an der Distanz, die den Blick möglichst frei hält für kritische Rückmeldungen. Das Verhältnis der Supervisorinnen und Supervisoren gegenüber den Aufträgen und Auftraggebenden kann als »*kritische Loyalität*« bezeichnet werden.

In den bisherigen Ausführungen habe ich versucht, darzustellen, auf welchem Fundament Organisationssupervision steht und wie Konzeptansätze dort begründet sind. Weiterführend geht es nun um die Gestaltungsarbeit der Supervisorinnen und Supervisoren – insbesondere die Ausrichtung der Rollengestaltung. Eine Systematik zu Rollen, die der Position des externen Supervisors in der Organisationssupervision zugeordnet sind, wird hier beschrieben. Im Anschluss an Erwartungen, die Supervisoren in Organisationen erfahren, werden bestimmte Rollenspektren in der Organisationssupervision prämiert, in deren Rahmen konzeptbezogene Aufgaben angesiedelt sind.

Rollenerwartungen – Rollenangebot
In der Verhandlung zur Nachfrage von Subsystemen der Organisation und zum Angebot der Supervision beginnt die gegenseitige *Erwartungszuschreibung,* die sich dann im Laufe der Zusammenarbeit fortsetzt und gemeinsam weiterentwickelt wird. Erwartungsstrukturen und Erwartungskonflikte, wie Becke sie beschreibt (2.1), zeigen sich in den Inhalten der Supervisionsanfrage. Erwähnt werden dort oft nicht erfüllte Erwartungen an die Organisationsverantwortlichen oder auch an die Kolleginnen und Kollegen. Erwartungsbündel schlagen aber auch dem Supervisor entgegen, der angefragt wird. Schon gekoppelt mit der Auswahl desselben sind implizite Vorstellungen verknüpft, dass dieser Supervisor irgendwie Unmögliches oder Schwieriges schaffen soll. In solchen, meist diffusen Wünschen, die Wellendorf (2000) als zentrales Analyseinstrument beschreibt, sind grundsätzliche Rollenerwartungen an den Supervisor in der externen Position geknüpft.

Das Erwartungsspektrum an Supervisorinnen und Supervisoren ist besonders breit, weil ihre externe Position – anders als bei organisationalen Positionen, die im Organigramm einer Organisation verzeichnet sind – ja kaum oder nur nach tradierten Vorstellungen informell beschrieben ist. Die Aufgaben und die Zielrichtung der Supervision werden zusammen mit den Auftraggebern in der Auftragsklärung und zusammen mit allen Beteiligten in der Kontraktentwicklung festgelegt. Die aufgezeigte Komplexität, d. h., die vielen Faktoren, die dabei mitspielen (siehe Abbildung 4), sind in der Organisationssupervision immer wieder zu überprüfen, zu besprechen bzw. neu zu verhandeln. Häufig wird erwartet, dass die Supervision so sei, wie man es kennt. Nahezu genauso oft liegt eben gerade in diesen Erwartungen (Wellendorf, 2000) die Symptomatik für verschleierte oder versteckte Konflikte.

Supervisorinnen knüpfen an den Rollenerwartungen, die an sie gestellt werden, an. Sie versuchen sich dabei am Basiskonzept der Supervision zu orientieren, wonach eine Anleitung zur Reflexion und Unterstützung für professionelles Handeln angestrebt wird. Supervision ist eben daran zu erkennen, dass sie Distanz zum eigenen Handeln schafft, Zusammenhänge erkennbar macht und Orientierung ermöglicht, wie mit Widersprüchen und Paradoxien des Alltags professionell zu verfahren ist.

In der Organisationssupervision geht es – wie schon früher beschrieben – darum, das Rollenangebot der Organisationssupervision in der Weise zu gestalten, dass das Basiskonzept der Supervision in Zusammenhang zu bringen ist mit der Komplexität von Organisationen. Die speziellen Anforderungen personenbezogener Interaktionsarbeit in Organisationen sollen durch die supervisorische Interaktions-/Rollengestaltung und Anleitung zur Reflexion unterstützt werden. In der Gegenüberstellung von Rollenerwartungen seitens der nachfragenden Auftraggeber und Supervisanden an die Supervisorinnen auf der einen Seite und deren Rollenangebot im Sinne der Organisationssupervision auf der anderen Seite ergibt sich Tabelle 1, die auch die damit zusammenhängenden Kompetenzerwartungen einerseits und die Übernahme von Aufgaben und Kompetenzangeboten andererseits enthält. Dass zwischen den beiden Seiten ähnlich klingende, aber dann doch oft – wie immer wieder in der Praxis deutlich wird – gegensätzliche Vorstellungen zum Tragen kommen, ist der Stoff, mit dem dann supervisorisch gearbeitet werden kann.

Tabelle 1: Rollenerwartungen und Rollenangebote in der Organisationssupervision

Rollenerwartungen aus der Organisation an die Supervisorinnen/ Supervisoren		Rollenangebot der Organisationssupervision
Leistungs- und Kompetenzerwartungen (in Zitaten!)		Übernahme spezifischer Aufgaben und entsprechende Kompetenzangebote
»Wir wünschen uns Supervisorinnen, die uns in unserer Organisation ein passendes und hilfreiches Supervisionsangebot machen können, das unseren Vorstellungen und unserem Bedarf entspricht.«	A	Übernahme der Rolle »*Aktive Mitgestalterin von organisationalen Supervisionsprojekten*«
»Wir erwarten die dazugehörige Fach- und Organisationskompetenz.«	→ ←	Offensive, OE-orientierte Gestaltung von Supervisionssettings/Beratungssystemen im Sinne des Auftrags und aufgrund eigener Einschätzungen, Bezug nehmend auf die organisationalen Kern- und Teilaufgaben (1.1., 3.1) und die dortigen Anforderungen aus der Interaktionsarbeit
		– Entsprechende Kontraktentwicklung im Supervisionsprojekt mit den dort Teilnehmenden, den Beauftragenden und dem Supervisor
		– Bei gewünschten, strukturell nicht passenden und in den Zielen unklaren Supervisionsplanungen (3.1) weitere Besprechungen/Verhandlungen, auch mit zuständigen Führungspersonen aus dem organisationalen Umfeld der Supervisionsprojekte
		– In laufenden Supervisionsprojekten weitere Kontraktentwicklungsphasen, eventuell Veränderung von Beratungssettings
	←	Organisationsbezogene Klärungs- und Verhandlungskompetenz

Rollenerwartungen aus der Organisation an die Supervisorinnen/ Supervisoren		Rollenangebot der Organisationssupervision
Leistungs- und Kompetenzerwartungen (in Zitaten!)		Übernahme spezifischer Aufgaben und entsprechende Kompetenzangebote
»Wir erwarten, dass Supervisorinnen etwas von unserer Arbeit verstehen und sich vorstellen können, wie es uns dabei geht. Wir erwarten, dass sie verstehen, wie die Entwicklung von Teams und die Interaktion zwischen Führung und Mitarbeitern zu unterstützen ist.«	B	Übernahme der Rolle als *»Expertin für Interaktionsarbeit in professionellen personenbezogenen Dienstleistungen«*
»Wir erwarten Feldkompetenz/ Branchenkompetenz.«	→ ←	Reflexionsangebot zu Fragestellungen aus den diversen Interaktions- und Koordinationsebenen im Kontext von personenbezogenen, professionell ausgerichteten Dienstleistungen, betreffend Interaktionen mit Kunden/ Klienten, Kollegen, Führungskräften
	←	Kompetenzangebot: Wissen um die Bedeutung des Umgangs mit Unwägbarkeiten als Ansatzpunkten für professionelles Handeln in der Interaktions- und Koordinationsarbeit im Bereich personenbezogener Dienstleistungen (1.2, 2.2., 2.3, 3.3)
		– Branchenkompetenz im Sinne von »Korrelationskompetenz« (3.4)
		– Wissen um arbeitsfeldspezifische Prägungen der Organisationskultur
»Wir erwarten, dass jemand weiß,	C	Übernahme der Rolle als *»Expertin für professionelles Handeln im Rahmen von Organisationsstrukturen«*
– wie es in Organisationen (oder Abteilungen, Dienststellen etc.) zugeht,	→ ←	Kompetenzangebot: Wissen zu Strukturen und Abläufen; Fähigkeiten, emotionale Prozesse in Organisationen zu verstehen
– wie es ist, in Hierarchien zu arbeiten,		
– wie es ist, wenn diese durch neue Organisationsformen verändert werden sollen oder		– Durchführung ausreichender Recherchen zu strukturellen Bedingungen und Veränderungen

Rollenerwartungen aus der Organisation an die Supervisorinnen/Supervisoren		Rollenangebot der Organisationssupervision
Leistungs- und Kompetenzerwartungen (in Zitaten!)		Übernahme spezifischer Aufgaben und entsprechende Kompetenzangebote
– wenn dauernde Umstrukturierungen erfolgen.«		– Anleitung zur Reflexion von Unsicherheiten, die oft doppelt verursacht werden: einerseits durch direkte Herausforderungen in der Interaktionsarbeit mit Klienten (siehe oben), andererseits durch Verunsicherungen in Organisationen durch Umstrukturierungen, Führungswechsel, personale Einsparungen, Einführung neuer technischer Systeme etc. (1.2, 3.3)
»Wir erwarten, dass Supervisorinnen uns verstehen, mitfühlen und erkennen, was uns täglich belastet. Wir erwarten, dass sie uns verlässlich zur Verfügung stehen und behilflich sind.«	D	Übernahme der Rolle der *»Grenzgängerin zwischen organisationaler und emotionaler Involvierung und Distanzierung«*
»Wir erwarten Emotionskompetenz, Empathie und Reflexionskompetenz.«	→ ←	Erkennen und Besprechen von Zuschreibungen und Erwartungen, z. B.: Wünsche nach Parteinahme, nach Kompensationsleistungen etc. (1.4, 2.1)
		– Auseinandersetzung mit eigenen Wünschen nach Zugehörigkeit
		– Analyse der eigenen Involvierung als Zugang zum Verstehen der Dynamik im Arbeitsalltag
		– *Kontextualisierung* (Suche nach Zusammenhängen, 3.2)
	←	Beziehungskompetenz, Fähigkeit zur Introspektion, Meta-Reflexionskompetenz

Rollenerwartungen aus der Organisation an die Supervisorinnen/Supervisoren		Rollenangebot der Organisationssupervision
Leistungs- und Kompetenzerwartungen (in Zitaten!)		Übernahme spezifischer Aufgaben und entsprechende Kompetenzangebote
»Wir erwarten gut ausgebildete Supervisorinnen, die uns in unseren Überlegungen und in der Bewältigung von professionellen Schwierigkeiten und emotional belastendenden Situationen verstehen, fordern und weiterbringen.«	E	Sich Einbringen und Absichern in der Rolle »Zugehörige zur professionellen Community der Supervision«
»Wir erwarten eine hohe Beratungskompetenz für komplizierte und komplexe Situationen und Gegebenheiten, mit denen wir zurechtkommen müssen. Supervisorinnen sollen so fit sein, dass sie uns den »Durchblick« ermöglichen.«	→ ←	Methodisch-didaktisches und konzeptorientiertes Vorgehen
		– Unterstützung von »organisationaler Achtsamkeit« als Thema bei Veränderungsprozessen (2.4, 3.4)
		– Aufrechterhaltung von kritischer Loyalität gegenüber Auftraggebenden (3.4)
		– Beachtung von weiteren Supervisionsprojekten in der Organisation in Abstimmung mit zuständigen Leitungen – Verständigung oder auch Abgrenzung (3.1)
		– Auseinandersetzung mit arbeitsweltlichen Veränderungen, insbesondere mit arbeitssoziologischen/arbeitswissenschaftlichen Forschungen und Konzepten
		– Diskurs zur eigenen Supervisionspraxis – Metareflexion (3.4)
	←	Stetige Weiterentwicklung der Beratungskompetenz

Die Auseinandersetzung mit kollektiven und gruppalen Erwartungen ist ein wesentliches Handwerkszeug der Organisationssupervision, wobei der dargestellte Rollenübernahme- und Kompetenzangebotskatalog eine grobe Orientierung geben kann, sowohl für das Handeln als auch für die Reflexion von oft undurchsichtigem Erleben in komplexen Organisationen. In unterschiedlichen Situationen können Supervisorinnen und Supervisoren zuordnen, in welcher Rolle sie gerade gefragt sind und ob oder wie sie darauf antworten möchten bzw. wie sie gerade verführt werden, zu antworten. Gleichzeitig geht es immer auch um die Frage, in welcher Kompetenz sie gefragt sind und wie sie darauf antworten wollen bzw. können.

Sicher ist es, dass die unterschiedlichen Rollen, die im Anschluss an die Erwartungsbündel in Organisationen aufgelistet wurden, nicht getrennt voneinander zu sehen sind – in der Regel gibt es Überlappungen bezogen auf Erwartungen, welche Rolle den Supervisorinnen und Supervisoren zugeschrieben werden und Überlappungen bei der Ausgestaltung der Rollen.

Zu fragen ist nun weiter nach der Relevanz dieser der Organisationssupervision zugeordneten Rollen- und Kompetenzangebote.

Organisationale Relevanz der Rollenangebote

Die unterschiedlichen aufgezeigten Rollenspektren der Organisationssupervision sind in unmittelbarem Zusammenhang zu sehen mit der *Grundfigur,* die entsteht, wenn Beratungssysteme in Form von Supervisionsprojekten in Organisationen angeboten werden (siehe Ebene 1): Die Supervisionsprojekte werden als *Beratungssysteme* schon durch die Anfrage oder durch die Aktionen der Supervisoren auf die zu leistenden organisationalen Aufgaben der Beteiligten der Supervisionsprojekte ausgerichtet. Wenn Beratungssysteme nun in konkreten Bereichen personenbezogener Dienstleistungen installiert werden, kommen sie in Kontakt mit den strukturellen Bedingungen dieser Arbeit (Organisationsstrukturen), denen sich ja auch das jeweilige Beratungssystem zuordnen muss. Gleichzeitig sind alle Kommunikationen rund um die Installierung von Supervisionsprojekten von Anfang an in die in dieser Organisation herrschende aktuelle, geschichtlich und arbeitsfeld- oder branchenspezifisch geprägte Dynamik *(Organisationsdynamik)* eingetaucht. Dementsprechend richten sich die Aktions- und Reflexionsaufgaben der Supervision – strukturell gesehen – auf:

- die Entwicklung und Durchführung von *Beratungssystemen* als neu installierte Subsysteme auf Zeit und spezielle Settings organisationaler Interaktionen;
- die inhaltliche Ausrichtung des Supervisionsprojekts auf die spezifischen Aufgaben und Anforderungen der Beteiligten von Supervisionssystemen, in der Regel auf professionell anspruchsvolle Formen der Interaktionsarbeit;
- den Bezug zu *Organisationsstrukturen,* der sowohl bei der Auftrags- und Kontraktentwicklung als auch im laufenden Beratungsprozess zu beachten ist – strukturelle Organisationsbedingungen prägen Möglichkeiten und Grenzen für professionelles Handeln, relevant sind dabei auch Strukturen von einzelnen Subsystemen, Abteilungen, speziellen Arbeitsgebieten und Arbeitsfeldern etc. –;
- die Beachtung der *Organisationsdynamik* mit speziellen Ausprägungen in verschiedenen Arbeitsgebieten, Arbeitsfeldern oder auch Branchen.

Die skizzierten supervisorischen Aktions- und Reflexionsaufgaben in Organisationen werden im Rahmen des beschriebenen Rollenangebots in Angriff genommen. Die Zuordnung der einzelnen Rollenspektren zu den supervisorischen Anforderungen ergibt eine Systematik zur methodischen Ausrichtung der Organisationssupervision (siehe Abbildung 6). Supervisorisches Mitgestalten organisationaler Interaktionen entwickelt sich – so zeigt diese Figur – an den Schnittstellen zwischen den Beratungssystemen der Supervision und den Organisationsstrukturen einerseits und zwischen den Beratungssystemen und der jeweiligen Organisationsdynamik andererseits, immer auf dem Boden des jeweiligen durch Supervision zu unterstützenden organisationalen Arbeitsbereichs. Dem zugeordnet

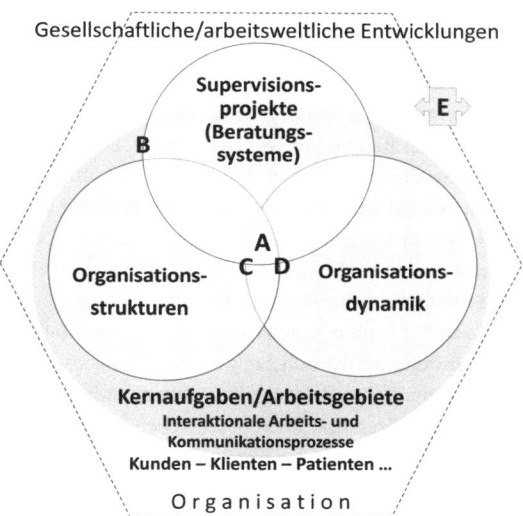

Supervisorin als:

A Aktive Mitgestalterin von organisationalen
  Supervisionsprojekten
B Expertin für Interaktionsarbeit in professionellen
  personenbezogenen Dienstleistungen
C Expertin für professionelles Handeln im Rahmen
  von Organisationsstrukturen
D Grenzgängerin zwischen organisationaler und
  emotionaler Involvierung und Distanzierung
E Zugehörige zur professionellen Community der
  Supervision

Abbildung 6: Rollensystematik der Organisationssupervision

erhalten die in Tabelle 1 genannten und dort unter den Buchstaben
A–D aufgeführten Rollenangebote ihre Relevanz. Durch die »Grundfigur« begründet sich die Prämierung dieser Rollenangebote. Nicht
direkt den organisationalen Schnittstellen zugeordnet ist das Rollenangebot E (siehe Abbildung 6). Sein Ort ist »backstage« und impliziert
die Fachlichkeit der Supervisorinnen und Supervisoren.

Wie in Abbildung 6 dargestellt, besteht die besondere Herausforderung der Supervision in Organisationen darin, die unterschiedlichen Schnittstellen, die sich für jedes Rollenangebotssegment in Auseinandersetzung mit den organisationalen Dimensionen mehrfach ergeben, in der Beratungsarbeit zu beachten. Diese Schnittstellen haben eine Relevanz im Rahmen des jeweiligen Auftrags bzw. Kontrakts ebenso wie im Laufe des Beratungsprozesses. Sie können und sollen die Reflexion anregen oder auch strukturieren und in der Folge auch die Intervention mitbestimmen – so die Konzeptvorstellung der Organisationssupervision.

Die vorgestellte Rollensystematik wird nun abschließend nochmals in Anbindung an die aufgezeigten methodisch-didaktischen Ansätze, bezogen auf ihre Relevanz bzw. ihre situative Aktualität für die Supervision in Organisationen beschrieben, auch in ihren jeweiligen Überschneidungen mit den unterschiedlichen organisationalen Herausforderungen. Mit kurzen Rückblenden soll dabei auch auf die zweite Praxissequenz Bezug genommen werden.

Zu A: Als »Aktive Mitgestalterin von organisationalen Supervisionsprojekten« sind Supervisorinnen verantwortlich für die Entwicklung der Beratungssysteme. Supervisionen in Organisationen sind nicht starr, sondern Entwicklungsmodelle, die sich ausgehend von der Anfrage mit Bezug auf die dann vereinbarten Ziele gestalten und im jeweiligen Beratungsprozess weiterentwickeln (3.1). Gerade in komplexen Beratungsanfragen ist – wie beschrieben – ein Maximum an kreativer Zusammenarbeit mit der Auftraggeberseite und den Beteiligten der Supervisionsprojekte gefragt.

Wie ich schon früher aufgezeigt habe (Gotthardt-Lorenz, 2006) geht es bei weitgehend institutionalisierter Supervision (»verwaltete Supervision«) im Sinne dieser Rolle immer mehr darum, die generalisiert vordefinierten Auftragsstrukturen und vorgefertigten Supervisionssettings wieder in den Fokus der gemeinsamen Einschätzung und Weiterentwicklung zu führen, was häufig aufwendiger Initiative von Supervisorinnen und Supervisoren bedarf.

Als Mitgestalter von Supervisionsprojekten sind Supervisoren in jedem Fall immer auch mit den Organisations-, Arbeitsgebiets- und Arbeitsfeldstrukturen beschäftigt und kommen als organisational Betroffene oder sich wieder Distanzierende immer auch in Kontakt mit den Dynamikprozessen in Organisationen und Arbeitsfeldern.

In Praxissequenz 2 ist die Mitgestaltungsrolle der Supervisorin zu dem Zeitpunkt gut sichtbar, als die in der ursprünglichen Ärztesupervision häufig thematisierten Kooperationsschwierigkeiten zwischen den Berufsgruppen durch Initiative der Supervisorin dann als Führungssupervision der Berufsgruppenleiterinnen angeboten und weitergeführt wurde.

Zu B: Die Rolle der »Externen Expertin für Interaktionsarbeit in professionellen personenbezogenen Dienstleistungen« erfordert, dass Supervisorinnen von den unterschiedlichen Branchen, in denen sie Supervision anbieten, soweit Kenntnis haben, dass sie insbesondere die allgemeinen, aber auch die jeweils spezifischen hohen emotionalen Belastungen, z. B. die Abhängigkeiten von Kunden, Klienten oder auch Patienten, erkennen können. Experten in diesem Bereich wissen auch um den hohen Druck, der gerade in diesen Bereichen durchgängig üblich ist (hohe Fallzahlen etc.) und häufig zusammenfällt mit schnellen organisationalen Veränderungen oder geringen Personalressourcen. Zu dieser Expertise gehört auch, dass Supervisorinnen und Supervisoren sich mit den gesellschaftlichen Entwicklungen im Dienstleistungsbereich allgemein beschäftigen.

Diese Thematik der spezifischen Ansprüche aus der Klienten- oder kundenbezogenen Interaktionsarbeit kann Einzelne betreffen, aber auch Teams und ebenso dafür zuständige Führungspersonen. Wichtig ist, zu verstehen, dass aus diesen interaktionellen Anforderungen aus dem Umgang mit Klienten oder Kunden etc. die Kultur einer Einrichtung sehr geprägt sein kann – unter Umständen auch durch ein hohes Konfliktpotenzial, das dann in der Folge auf anderen Ebenen zu spüren ist.

Wesentlich für die Supervision ist, diese Interaktionsarbeiten nicht nur in ihren Belastungsszenarien zu reflektieren (was als sozioemotionales Thema in der Supervision aufgenommen werden kann und soll). Vielmehr geht es auch darum – und da sind Expertinnen gefragt –, zu erarbeiten, wie Mitarbeitende und Führungskräfte in ihren jeweiligen (auch unterschiedlichen) professionellen Identitäten sich profilieren können, auch in der Auseinandersetzung mit Belastungen und ihren spezifischen Gestaltungsansätzen.

In Praxissequenz 2 wird sichtbar, wie Führungskräfte einer Spezialabteilung im Krankenhaus sich profilieren konnten, indem sie durch die Reflexion in der Supervision ihre Interaktionen mit Mitarbeitenden und Zwischenhierarchien immer wieder an den Anforderungen der Basis ausrichteten (Interaktionsarbeit mit herausfordernden Kindern und Jugendlichen als Patientinnen und Patienten). Organisationale Anforderungen – wie Umstrukturierungen – ließen oft die Beachtung dieser Basistätigkeiten in den Hintergrund treten.

Die Dynamik in einem Haus (Organisationsdynamik), die wesentlich durch Szenen aus der Basistätigkeit der Einrichtung geprägt wird, betrifft in hohem Maße auch die Supervisorinnen und erfordert eine entsprechende eigene Bearbeitung (siehe Rolle der Grenzgängerin zwischen organisationaler und emotionaler Involvierung und Distanzierung). Weiterhin ist zu bemerken: Wenn sich Supervisoren in der Rolle der externen Experten für Interaktionsarbeit in professionellen Tätigkeiten in Organisationen zur Verfügung stellen, sind sie auch immer mit Themen bezüglich einer möglichen Beeinträchtigung dieser Arbeit durch organisationale Bedingungen (strukturelle Gegebenheiten, Umstrukturierungen etc.), aber auch mit der Akzeptanz der Grenzen der organisationalen Ressourcen beschäftigt.

Zu C: Auf diesem Hintergrund sind Supervisorinnen immer in der Rolle der »*Expertinnen für professionelles Arbeiten im Rahmen von Organisationsstrukturen*« gefordert. Dieses Rollenangebot – der ursprüngliche Namensgeber für das Konzept Organisationssupervision – beinhaltet die Beachtung, Reflexion, Bedeutungssuche und Bearbeitung aller organisationalen und arbeitsrelevanten Prozesse im Rahmen gegebener Strukturen (1.1), durch die professionelle Arbeit geprägt oder auch behindert ist. Es geht um Erfahrungen, Einschätzungen, Vorstellungen und Ablehnungen, die im Rahmen personenbezogener Dienstleistungsorganisationen für Mitarbeitende und Führungskräfte – bezogen auf ihre professionellen Tätigkeiten in unterschiedlichen Positionen und auf ihre Arbeitsbeziehungen – relevant sind (2.3).

Supervision kann hier verstanden werden als Raum für organisations- und arbeitsbezogene Themen und Suchprozesse, die nicht direkt zu den vorgesehenen Arbeitsabläufen gehören, diese aber betreffen. Hier spielen Fragen nach dem eigenen professionellen Handeln unter den jeweils gegebenen Organisationsbedingungen oft eine Rolle. Angekoppelt sind diese Themen in der Regel an Emotionen betreffende Fragen und Ungereimtheiten (Widersprüche, Dilemmata).

Solche Fragen, Impulse, Emotionen können zum Teil in den Interaktionsräumen der Supervision deutlich werden (3.2). Dort hat Unfertiges und Ungeordnetes einen Platz und es kann mit Unterstützung von Supervisorinnen mit dem Rollenangebot »Expertinnen für professionelles Arbeiten im Rahmen von Organisationsstrukturen« nach Perspektiven im Umgang mit anstehenden Konflikten gesucht werden.

Ein Einbeziehen der gemäß der Organisationsstruktur jeweils Zuständigen (Führungskräfte) ist dabei eine wichtige Interventionslinie der Organisationssupervision. Wenn von organisationaler Anordnung und Praktiken, die dysfunktional und professionsbehindernd wirken, in Supervisionsprojekten berichtet wird, erfordert es vom Supervisor, in der Rolle des organisationalen und emotionalen Grenzgängers zu bleiben und sich von einer Involvierung wieder zu distanzieren und die eigene schnell eintretende Parteinahme gegen »oben« zu überprüfen. Wenn möglich, sind auch Vertreter von kaum verstehbaren Organisationsinterventionen zu kontaktieren, soweit dies das Beratungssystem bzw. das jeweilige Supervisionsprojekt betrifft. Hier ist die erwähnte »kritische Loyalität« (3.4) gegenüber der Organisation und den Auftraggebern der Supervision gefragt, unter Umständen geht es dann auch darum, dass Supervisorinnen in der Rolle der »Aktiven Mitgestalterinnen« zur Veränderung und Weiterentwicklung des Beratungssystems beitragen.

Ist nach Einschätzung der Supervisoren professionelles Handeln gar nicht mehr möglich, weil Dilemmata der professionellen Arbeit im Rahmen der Organisation nicht mehr zu balancieren bzw. zu besprechen sind (3.3), so bleibt ihnen an der Stelle nur der eigene Ausstieg. Dies ist in Zeiten extremer Ressourcenverknappung und hybrider Strukturen (1.1, 1.2), wenn kaum oder gar kein Raum bleibt, die Folgen von Organisationsveränderungen für die Veränderung/Beschränkung professionellen Arbeitens im Sinne von organisationaler Achtsamkeit besprechbar zu machen und keine Perspektiven im Umgang damit zu entdecken sind, sicherlich auch eine Option verantwortungsvoller Supervisionsangebote (3.4).

In der Praxissequenz 2 wurde sehr viel Widerstand gegen dauernd geforderte Umbauten, sowohl räumliche, aber auch personelle, gezeigt. In der Auseinandersetzung um zu viele Phasen von unnützer Arbeit (Planungen wurden wieder verworfen) konnte in der Führungsgruppe dieser Abteilung trotzdem gezielt nach Vorteilen von Veränderungen gesucht werden. Es wurden zwar immer wieder die Anstrengungen verbalisiert, aber es entwickelte sich in dem Supervisionsprojekt auch ein großes Interesse füreinander. Durch gegenseitige Rückmeldungen wurde der Blick für das Wesentliche, das in diesen Umstrukturierungen zu leisten ist, geschärft. Gegenseitig anerkannt wurde vor allem das Management von »Unwägbarkeiten«, von kurzfristig herausfordernden Ansprüchen. Auf diesem Weg wurde die Führungssupervision zum Ausgangspunkt für höhere Führungssicherheit und für von dort animierte Anregungen zur produktiveren Gestaltung von Interaktionen mit Mitarbeitenden, mit Vertretern der Zwischenhierarchien und mit Vorgesetzten (3.2). Professionelle Führungsarbeit konnte so auch in der Auseinandersetzung mit strukturellen Anforderungen profiliert werden (3.3).

Zu D: Als »Grenzgängerin zwischen organisationaler und emotionaler Involvierung und Distanzierung« erhalten Supervisorinnen und Supervisoren unmittelbaren Zugang zu dynamischen Prozessen in Organisationen. Die Untersuchung, wie die Zusammenarbeit sich mit ihnen gestaltet, zu welchen Initiativen sie verführt werden bzw. was sie davon abhält, sich überhaupt in Auseinandersetzungen zu begeben, ermöglicht in der Reflexion Zugang zu den Kooperationsformen und -kulturen der Organisation, langfristig auch zu verdeckten Konflikten. Immer geht es hier darum, die Organisationsdynamik/-kultur (1.1) mehr und mehr zu verstehen – sowohl als Folge von strukturellen Gegebenheiten (Über-Unter-Zu-Ordnungen) als auch im Kontext der spezifischen Arbeitsfeld- oder auch Aufgabendynamik der jeweiligen personenorientierten Dienstleistung (1.2, 2.2).

In die supervisorische Reflexion einzubeziehen ist, ob und gegebenenfalls wie Supervision selbst – oft aus Gründen fehlender Ressourcen oder auch aus anderen Gründen – instrumentalisiert wird. Die in dem genannten Rollenspektrum zu stellenden Fragen sind: Wofür bin ich als Supervisor da? Welche Funktion habe ich bzw. das jeweilige Beratungssetting? Die Recherche über Wünsche, Vorstellungen oder auch geheime Aufträge zur Supervision, die an den Supervisor gerichtet werden, geben in der Analyse oft wichtige Hinweise, was in Organisationen fehlt oder was zugedeckt werden soll. In diesem Sinne sind die organisationalen Interaktionen der Supervision zu untersuchen, vor allem dann, wenn sie den Supervisor emotional sehr betreffen. Auf solche Weise bietet der Interaktionsraum Supervision selbst (3.2) einen wichtigen Zugang, um verborgene organisationale Themen zu verdeutlichen. Dies erfolgt oft in Form von Metakommunikation über Beratungsinhalte und -settings (3.1) oder anlässlich der Diskussion zu Aufgaben der Supervision (3.3) und ihrer Zusammensetzung.

Die vorwiegenden Aufgaben in der Rolle als »Grenzgängerin zwischen organisationaler und emotionaler Involvierung und Distanzierung« sind:

- Erkennen von Involvierungen,
- Verdeutlichung und Besprechung von geheimen Aufträgen,
- Analyse der Position der Supervisorin und der Funktion von Supervisionsprojekten,
- Arbeit mit »institutioneller Übertragung und Gegenübertragung« (Wellendorf, 2000),
- Explorationen zum Thema Organisationsdynamik und deren Brisanz, auch für die Supervisoren.

In der Praxissequenz 2 wurde die Führungssupervision zunächst als Koordinationsinstrument zwischen den Leitungspersonen gebraucht, weil angesichts der vielen zusätzlichen Aufgaben in Zeiten der Umstrukturierung dies nicht mehr stattgefunden hatte. Die Supervisorin kam dabei in die Moderatorenrolle. Erst als genau diese Situation reflektiert wurde, konnte das als Symptom dafür gesehen werden, dass ein Teil der notwendigen Routine durch Stress außer Kraft gesetzt war und entsprechend viele Missverständnisse produziert wurden. Ein Wochentermin für die Koordination aller Berufsgruppenleitungen unter der Leitung des Chefarztes wurde festgelegt.

Zu E: Als »Zugehörige zur professionellen Community der Supervision« leisten Supervisorinnen wesentliche Beiträge zur arbeitsbezogenen Selbstreflexion in unterschiedlichen Beratungsprojekten – mit dem Ziel der Qualitätswahrung oder -entwicklung der jeweiligen beruflichen Tätigkeiten. In diesem Rahmen gilt es in der Organisationssupervision, dortige Beratungsprojekte immer unter der Fragestellung zu betrachten, wie auf dem Wege der Anleitung zur organisationsbezogenen Selbstreflexion die Qualität der zu leistenden Interaktionsarbeit in den jeweiligen Arbeitsfeldern unterstützt werden kann. Um diesen hohen Anspruch einzulösen, obliegt es – so auch das Credo der Community der Supervisoren –, fortlaufend fachliche Kontrolle für die supervisorische Tätigkeit zu installieren.

Organisierte Reflexion in einem verbindlichen Rahmen der eigenen Professionsgruppe, in dem das fachliche Profil eines

Supervisorinnenteams geschärft wird, ist eine unabdingbare Voraussetzung, um eine Distanzposition halten zu können (3.4) und an überlegten Entwicklungen von Beratungsprojekten mitzuarbeiten (3.1). Immer wieder ist die Frage zu stellen, in welcher Weise innerhalb der Supervisionsprojekte und als deren Folge organisationale Interaktionen mitgestaltet werden.

Im Rahmen von regelmäßig stattfindenden Intervisionen einer für theoretische und Praxisreflexion organisierten Supervisorinnengruppe wurde die Langfristigkeit des oben beschriebenen Supervisionsprojekts besprochen (Praxissequenz 2): Vier Jahre Arztsupervision und drei Jahre Führungssupervision verführt jeden Supervisor zu dem Gefühl, dazuzugehören (3.4). Gemeinsam konnte daran gearbeitet werden, wieso diese Supervisionsprozesse diese Langfristigkeit brauchten, welche Bedeutung das entstandene Vertrauen gegenüber der Supervisorin hatte (viele organisationale Veränderungen während der Supervisionszeit), wie viel Zeit der Reflexionsprozess benötigte angesichts der Vielzahl an Ansprüchen, die an die Führungskräfte herangetragen wurden. So erschien in diesen Überlegungen auch eine langfristige Beziehung zur Supervisorin sinnvoll. Umso mehr brauchte sie jedoch immer wieder die Konfrontation durch Kolleginnen mit der Frage, in welcher Weise denn die Supervision zur Qualität der Arbeit in dieser Organisation beitragen kann, welche Rolle sie in dem Interaktionsraum Supervision spielt oder wann sie in Gefahr gerät, ihren eigenen Auftrag aus den Augen zu verlieren.

Kooperation unter Supervisoren – installiert und beauftragt im Rahmen der Organisation oder auch außerhalb – kann die Perspektivenvielfalt (Auseinandersetzung mit eigenen Einschätzungen) erhöhen, was angesichts der Komplexität der supervisorischen Arbeit von höchster Wichtigkeit ist und was erfahrungsgemäß von Organisationsseite durchaus als sinnvoll erachtet wird. Trotzdem sind aus den bekannten, sich phasenweise sehr verschärfenden Zeitgründen in Organisationen, aber auch wohl aufgrund von zu geringem Interesse der Supervisoren (Sanz, 2014) bisher nur wenige Modelle in der Community der Supervision dazu erprobt und diskutiert.

Das organisierte fachliche Hinterland von Supervisorinnen und Supervisoren hat – eben insbesondere für ein Supervisionsverständnis im Konzept der Organisationssupervision – auch die Aufgabe, theoretische Auseinandersetzungen zu Supervisionsansätzen und deren theoretischen Fundierungen zu garantieren. Durch Zugehörigkeit zur Supervisionscommunity wird es ermöglicht, die Auseinandersetzungen mit gesellschaftlichen oder auch supervisionsfachlichen Themen aufrechtzuerhalten. Phänomene, die im Rahmen von Beratungssystemen auftauchen und die in größeren Verstehenskontexten gesehen werden können, ermöglichen differenziertere Einschätzungen zu den Arbeitsfeldern, zu den dortigen strukturellen Fragen und zu der dort auftauchenden Organisationsdynamik. Das Konzept der Organisationssupervision impliziert hier insbesondere die Auseinandersetzung mit arbeitssoziologischen, organisationssoziologischen und professionstheoretischen Themen.

Eine Beispielskizze zum Schluss gibt einen Einblick, wie die begründete Methodik der Ebene 3, aber auch der beiden anderen Ebenen, eine Reflexionsstruktur und auch bisweilen Interventionsorientierung bei den kleinen Schritten der Supervisionsarbeit in Organisationen leisten kann. Damit schließe ich dann auch meine Überlegungen zum Erfahren, Verstehen und Mitgestalten organisationaler Interaktionen im Rahmen der Drei-Ebenen Struktur der Organisationssupervision ab. Mein Anliegen, dieses Konzept von Supervision in seiner arbeitsweltlichen Bodenhaftung im Kontext einiger den Arbeitskontext unmittelbar betreffender wissenschaftlicher Theorien, Konzepte und Forschungen zu begründen und nachvollziehbar den Bogen bis hin zur Supervisions-Methodik zu schlagen, kann und soll – so meine Hoffnung – Anlass für kritische und weiterführende Überlegungen zur Legitimation und Aktualität von Supervision sein.

Zu der dargestellten und abgeleiteten Methodik inklusive der Rollensystematik folgt abschließend ein Beispiel.

Der Beginn

Aus einem Röntgeninstitut kommt die telefonische Anfrage einer Team-leiterin an die Supervisorin bezüglich einer kurzfristig durchzuführen-den Supervision, weil in einem Team von medizinischen Technikerin-nen und Technikern Unruhe herrsche. Ein Radiotechnologe habe sich krankgemeldet, nachdem es einen Vorfall mit einem Patienten gab. Genaueres wisse sie auch nicht. Das Team sei wie gelähmt, müsse aber gleichzeitig weiterarbeiten. Sie wolle mit dem Team über die Situation reden, habe aber mit ihnen besprochen, jemanden Außenstehenden hinzuzunehmen.

Die Anfrage kommt an diese Supervisorin, weil sie bei der Installa-tion eines neuen Bereichs in diesem Institut schon eine Moderation zum Start dieser Einheit durchgeführt hatte. Ihr war bekannt, dass dieses Institut unter einer neuen ärztlichen Leitung in den letzten zwei Jahren sehr schnell gewachsen ist und dass es dort Untersuchungsgeräte gibt, die sonst nur in Ausnahmefällen außerhalb von Krankenhäusern zur Verfügung stehen. Sie wusste auch, dass die Untersuchungen zum Teil bis sehr spät am Abend durchgeführt werden, weil die Nachfrage so groß ist, sicherlich auch, um die teuren Geräte optimal auszunutzen.

Beim Telefonat mit der Teamleiterin und später mit dem direkten Vorgesetzten der gesamten Abteilung wurde berichtet, dass dieses Team inklusive seiner Leiterin aus Radiotechnologinnen und Röntgen-assistenten bestehe, dass jedoch eine sehr enge Zusammenarbeit mit Fachärzten stattfinde. In dem Team, auf das sich die Supervisionsanfrage bezog, häuften sich – so die Aussage in den Vorgesprächen – Unzufrie-denheiten mit der Dienstplanvergabe und Krankenstände. Die Arbeit der Teammitglieder bestehe darin, Untersuchungen mit unterschiedlichen bildgebenden Verfahren durchzuführen, oft auch für schwerkranke Patienten.

Auf dem Weg der unterschiedlichen Erkundungen kommt die Super-visorin mehr und mehr in die Expertinnenrolle für personenbezogene Dienstleistungen und dortige Interaktionsarbeit (Rolle B).

Durch die Krisenstimmung, die sich der Supervisorin vermittelte, stellte sich für sie die Frage, was sie denn dort nun tun soll. Ihr erstes Gefühl war: Ich muss dort möglichst bald hin (Helferimpuls und emotionale Betroffenheit, Nähegefühl zur Organisation). Dann erst begann in ihrem Kopf (die Sich-Distanzierende) das Raster zu arbeiten: Jetzt sollte sie schnell wissen, welches Beratungssystem für diese Arbeit und diese Organisationseinheit in diesem Institut das richtige sei. »Woher kam der Sog, eine schnelle Lösung zu finden?«, fragte sich die offensichtlich schon irgendwie Involvierte. Im Zuge der Reflexion ihrer Involvierung und der Distanzierung dazu (Rolle D) überlegte sie weiter, ob sie als Supervisorin dort überhaupt richtig am Platz sei, und im Sinne Wellendorfs fragte sie sich auch, wer sich sonst noch diese Frage stellen könnte. In Krankenhausstrukturen kannte sie sich relativ gut aus, im Röntgeninstitut nur aus der kurzen Moderationstätigkeit (Rolle C).

Sie bezog sich auf den Teil der Anfrage, der besagte, dass das Team »wie gelähmt sei, aber gleichzeitig weiterarbeiten müsse«. Sie knüpfte an ihre sonstige Expertise für Interaktionsarbeit in professionellen personenbezogenen Dienstleistungen (B) an und machte sich auf den Weg, den speziellen Bereich personenbezogener Dienstleistungen und die dortige Interaktionsarbeit besser zu verstehen.

So bot sie – als Aktive Mitgestalterin von Supervisionssettings (A) – zu dieser Fragestellung eine Explorationsphase mit zwei Terminen an und stellte in Aussicht, dass man im Anschluss daran überlegen könne, welches Beratungsangebot mit welchem Schwerpunkt dann gegebenenfalls anzuschließen sei. Gleichzeitig vereinbarte sie – abgesprochen mit der Teamleiterin – einen Termin mit dem ärztlichen Leiter, was aus zeitlichen Gründen im Anschluss an die erste Krisensupervision stattfand. Ihre Idee war, dessen Interessen an diesem Team und eventuell auch an der Supervision zu erfahren und das Beratungssystem offiziell in dem Bereich zu implantieren, für den er strukturell zuständig war (Aktive Mitgestalterin: A., Expertin für professionelles Arbeiten im Rahmen von Organisationsstrukturen: C).

Unsicher blieb sie jedoch bei der Frage, wieweit ihr »Expertenstatus« hier im radiotechnologischen Arbeitsfeld ausreichte (B). Was die

Aufgabe der Assistenzberufe bei Untersuchungen mit bildgebenden Verfahren betrifft, war sie wenig kundig. Sie nahm sich vor, mit dieser Unkenntnis offensiv umzugehen, sie zu benennen und das, was sie dazu lernen würde, bei ihren Interventionen zu berücksichtigen. Erkundigungen holte sie noch über die Website der Einrichtung ein und recherchierte zu den Berufsgruppen in dieser Branche. Relevant blieben noch weitere Fragen: Über welche konkreten Ausbildungen und welche Spezialisierungen verfügen die Teammitglieder und in welcher Weise kommen sie wie mit den zu untersuchenden Patienten/Kunden in Kontakt (B).

Die Supervisorin holte Rückmeldungen aus ihrer Kolleginnengruppe ein (E). In der Vielfalt der Assoziationen zu dieser Thematik zeigte sich gleichzeitig, dass dieses Feld emotional sehr involvierend ist, haben doch auch Supervisorinnen häufig als Privatpersonen unterschiedliche Erfahrungen mit dem Prozedere von radiologischen Untersuchungen (emotionale Betroffenheit schon vor Beginn des ersten persönlichen Kontakts mit dem Team).

In der Rolle der »Sich-Distanzierenden« (D) kamen der Supervisorin dann Überlegungen bezogen auf die Organisationsanforderungen (C): Wahrscheinlich ist eine lange Krankheitsphase in dem Institut nicht vorgesehen, zumal alles kostenmäßig gut durchkalkuliert wird und der Bedarf – das wusste sie noch aus der Moderationsphase – täglich steigt.

Der Weg in den Sozialraum, in dem dann die erste Doppelstunde Supervision am frühen Abend stattfand, ging durch ein Labyrinth von abgedunkelten Räumen mit laufenden Computern. Die Untersuchungsgeräte waren in den dahinterliegenden Räumen untergebracht. Der Raum, wo sich das Team traf, war extrem klein. Die Atmosphäre von unbekannten Geräuschen und dunklen Lichtverhältnissen fand die Supervisorin eher beängstigend (Registrierung der eigenen emotionalen Betroffenheit und der Versuch, sich durch Reflexion davon zu distanzieren und die Betroffenheit zu nutzen: Wahrscheinlich würden auch Patientinnen so empfinden, die hier untersucht werden: siehe Rolle D). Noch wusste sie wenig über die relevanten Arbeitsabläufe und die speziellen Herausforderungen der Arbeit (Rollen B und C gilt es auszubauen!). Die Mitglieder des dort arbeitenden Teams waren bis zur letzten Minute vor der Supervision (einige auch noch während der Supervision) mit ihrer Arbeit sehr beschäftigt – Business as usual? Es waren vorwiegend junge Mitarbeitende, mehr Frauen als Männer, insgesamt zehn Teilnehmende.

Die Supervisorin nahm man ungefragt freundlich auf, um mit ihr über die Situation zu reden – wohl so freundlich und offen wie sie auch sonst in ihrer Arbeit dauernd neue Patientinnen aufnahmen (Blick auf die Anforderungen der Interaktionsarbeit: B). Ihr selbst schien diese Selbstverständlichkeit angesichts der schwierigen Situation einerseits angenehm, im Nachdenken jedoch etwas zu glatt (D: Grenzgängerin als emotional Involvierte und sich wieder Distanzierende).

Die Teamleiterin war entgegen ihrer Ankündigung nicht da – sie war zu einer dringenden Besprechung außerhalb des Hauses gerufen worden.

Sollte die Supervisorin jetzt auch wieder gehen? Ihr fehlte die »mittlere« Auftraggeberin, die sie hierher geholt hatte (Konfrontation mit der »Rolle der Aktiven Mitgestalterin«). Die Supervisorin besprach kurz mit dem Team, dass es geplant war, dass die Leitung anwesend sein sollte – war es doch deren Interesse, dass diese beiden Sitzungen stattfanden. Die Teammitglieder beteuerten, dass es doch auch ihr Interesse sei, über den Vorfall von letzter Woche zu reden, und die Teamleiterin sei damit einverstanden. Das sagte diese dann auch selbst in einem kurzen Telefonat mit der Supervisorin, das an sie von einem Teammitglied weitergegeben wurde (verschiedene Aktionen in der Gestaltung der Beratungssettings: A). Die Supervisorin spürte die Rasanz der Kommunikation (Organisationsdynamik?) und die Flexibilität des Teams, schnell mit einer veränderten Situation umzugehen.

Nachdem sie sich von der Schnelligkeit der Informationen innerlich etwas distanziert hatte (Distanzierung von der Involvierung), vereinbarte sie mit den anwesenden Teammitgliedern (zwei kamen verspätet), den Termin zu nutzen, um die anstehenden Schwierigkeiten zu sortieren, und besprach, dass eine von den Mitarbeiterinnen am Folgetag der Teamleitung entsprechend berichten könne: Mühsam versuchte sie hier, nicht zur Ersatzteamleiterin zu werden und sich auf die gegebene Struktur zu beziehen und nicht ins Informelle zu fallen (Expertin für professionelles Arbeiten im Rahmen von Organisationsstrukturen). Die Mitarbeitenden haben Einiges versucht, ihr diese Rolle zuzuschieben (Angebot an Zugehörigkeit, siehe 3.4).

In der Runde der anwesenden Teammitglieder mit der Supervisorin wurden dann Informationen zum Anlassfall zusammengetragen. Demnach drehte es sich um ein neues Gerät und Verfahren, für das nur einer richtig eingearbeitet war – der aber leider einen sehr unruhigen Patienten untersuchen musste. Die Untersuchung habe wiederholt werden müssen, weil der Kollege wegen des neuen Geräts sehr nervös war und der Patient zusätzlich ängstlich und unruhig. Der Radiotechnologe habe offensichtlich einige mahnende, schärfere Worte zu diesem Patienten gesagt. Der Patient wiederum habe sich dann gleich beim Empfang im Anschluss beschwert. Nach den Erzählungen der Gruppe hatte dieser Mitarbeiter zu diesem Zeitpunkt schon einige Überstunden hinter sich und war dann selbst völlig genervt, dass ihm so etwas – »Was eigentlich gar nicht sein darf!« – passierte. Nachdem dieser Mitarbeiter sich am nächsten Tag krankmeldete und auch eine Woche später noch nicht wieder am Arbeitsplatz erschien, war offensichtlich die Befürchtung groß, dass er kündigen würde und dass »diese Stelle sicher nicht wiederbesetzt wird«.

Es gab jedoch kaum eine Einschätzung seitens der anwesenden Teammitglieder, wie diese Szene mit dem Kollegen zu bewerten sei. Eine einzige Rückmeldung kam von einem Kollegen: »Kann mal passieren!« Durch weiteres Fragen der Supervisorin (Expertin für personenbezogene Dienstleistungen) wurden Arbeitsbelastungen klarer, jedoch kaum – trotz einigen Fragen in dieser Richtung – was Anlass und Ziel dieser Supervision sein sollte: diffuser Auftrag, offene Fragen etc.

In den Erzählungen wurde sichtbar: Es gab sehr »pflegeleichte« Patienten, aber auch sehr schwierige. Deutlich wurde auch, wie die Angst vor Schlimmes verheißenden Diagnosen manche Patienten völlig distanzlos werden ließ (Beschimpfungen u. Ä.) oder manche auch dem Weinen nahe waren und viel Angst ausdrückten. Dazu ein Zitat: »Wissen Sie, mit den Geräten umzugehen, ist zwar schwierig, da braucht man ein Jahr, um das gut zu können, aber mit den Patienten – das ist noch viel anstrengender« (hoher Anspruch und Druck!). Absolutes Maß für eine gute Arbeit war die Pünktlichkeit, weil sonst der ganze Zeitplan durcheinanderkam. (Seitens der Supervisorin waren diese Informationen eine Aufforderung zum Ausbau ihrer Expertinnenrolle für personenbezogene interaktionale Arbeitsprozesse: B).

So wurde die Phase der ersten Supervision dazu verwendet, um auszutauschen, wie sehr es den Kolleginnen und Kollegen dort wichtig ist, gut mit den Patientinnen umzugehen und wie sie deren Betreuung vor, während und kurz nach der Untersuchung zu ihrem professionellem To-do dazuzählten. Alle litten allerdings unter dem enormen Zeitdruck, wobei einige schon gute Strategien entwickelt hatten, damit umzugehen. Das Eintreten von Nichtvorhergesehenem (wie der ungeplante Ausfall eines Kollegen) bedeutete jedoch für alle eine große Herausforderung und phasenweise absoluten Stress (2.2). So konnten in dieser Stunde die Leistungen, aber auch Belastungen der Röntgenassistentinnen und Radiotechnologen deutlicher werden (3.2). Gegenseitige Anerkennungen für gute Arbeit wurden ausgesprochen. Ein gewisser Stolz wurde sichtbar, dass das Institut einen guten Ruf habe (1.3, 1.4).

Auf den Kollegen, der noch im Krankenstand war, angesprochen, formierte sich im Team ein Plan, mit diesem Kollegen Kontakt aufzunehmen, was bisher noch nicht stattgefunden hatte. Die Bitte der Supervisorin, die sie dann auch noch der Teamleiterin vortragen würde, war, den zweiten Termin der Supervision möglichst so zu legen, dass der jetzt fehlende Kollege und die Teamleiterin dabei sein konnten. Nebenbei sagte dann noch einer der Radiotechnologen: »Ich hab' gehört, dass unser Institut eine neue Filiale kriegt und wir dann wohl verteilt werden.« »Ein zweiter Standort – Umstrukturierungen drohen«, dachte die Supervisorin und nahm sich vor, das im Sinne organisationaler Achtsamkeit beim nächsten Mal zu thematisieren (2.4).

In der dann folgenden Besprechung mit Kolleginnen und Kollegen, die die Supervisorin als Zughörige zum Professionssystem Supervision nutzte (E), kam deutlich zum Ausdruck, dass diese erste Supervision in einem führungslosen Raum erfolgt sei (Vertreter der Hierarchie/ Strukturen waren nicht anwesend). Alle Beteiligten (Team und Supervisorin) hätten sich an die Thematik des Gelähmtseins »herangepirscht«.

Das Fehlverhalten einem Patienten gegenüber war allen Teammitgliedern bewusst, aber das konnte bisher noch nicht genutzt werden, um in einer Analyse zu erarbeiten, was solche Situationen bedeuten, welche Gefühle und Reaktionen sie nach sich ziehen, wie das Team und die Vorgesetzen produktiv damit umgehen könnten, wie dies mit dem Zeitdruck zusammenhängt etc. Bisher gab es also noch wenig Bewusstsein für den Umgang mit »Unwägbarkeiten« (2.2) und »organisationale Achtsamkeit« bzw. für die Bedeutung der Registrierung von Fehlern (2.4). Das an sich sehr hohe professionelle Know-how der Radiotechnologen und Röntgenassistentinnen konnte nur wenig unterstützt werden (2.3, 3.3), sondern eine noch nicht richtig zu verstehende Verunsicherung trat ein, vor allem (stellvertretend?) bei der Supervisorin, die dann doch diesen Supervisionsprojektbeginn mit ihren Kolleginnen und Kollegen so reflektieren konnte, dass sie sich »mit vielen Antennen ausgestattet« und entsprechender Distanz auf den weiteren Verlauf gut einlassen konnte (3.4).

Das langfristige Projekt

Aus diesem Beginn entwickelte sich ein langfristiges Supervisionsprojekt, das hier abschließend nur in Form einer groben Skizze dargestellt wird:

– In einer Branche, in der Supervision bisher nicht üblich war, konnte ein Angebot gemacht werden, dass das Team der ersten Szene unterstützen sollte, mit den komplexen Belastungen ihrer professionellen Tätigkeit umzugehen (Stichworte: schwierige Patientinnen und Patienten, hohe technische Know-how-Anforderung, zeitlicher Druck, Anspruch, dass keine Fehler passieren dürfen etc.). Neu war es für das Team, über seine eigenen Gefühle und Ängste reden zu dürfen, was auch nur langsam möglich wurde. Die Bedeutung des »Interaktionsraums der Supervision für sozioemotionale Themen« (3.2) konnte nur langsam erkannt werden. Die leitende Frage in diesem Setting war, wie das Team die kollegiale Zusammenarbeit und die »Untersuchungsinteraktionen« in seinem Sinne professionell gestalten kann (2.3, 3.3). In diesem Zusammenhang ergab sich ein recht engagierter Diskurs, bei dem Erwartungsstrukturen an die Arbeit sowohl seitens der »Kunden« wie seitens der »Profis« klarer wurden (2.1).

– In zwei separaten Treffen zusammen mit der Teamleiterin, dem ärztlichen Leiter und dem Team konnte über den bisher nur informell bekannten Plan, ein zweites Institut aufzubauen, gesprochen werden (Umstrukturierungen 1.1, 1.2, 2.1, 2.4), auch über das Prozedere, wer Interesse habe, dorthin zu wechseln. Der in der ersten Szene wegen Krankheit nicht Anwesende war als Leiter dieses neuen Teams informell vorgesehen und hatte – was die meisten Kolleginnen und Kollegen nicht wussten – befürchtet, wegen seines Fehlverhaltens diese Chance nicht mehr zu haben. Dies blieb jedoch, wie in diesem Kreis erklärt wurde, weiter eine Option. Überlastungsthemen wurden hier ebenfalls mitthematisiert.

– Vereinbarungen zu dem Supervisionsprojekt wurden in Treffen zwischen dem Supervisor und der Teamleiterin sowie dem ärztlichen Leiter getroffen und jeweils mit dem Team in verschiedenen Phasen kontraktiert. Hier war eine recht schwierige Auseinandersetzung zu den Erwartungen an Supervision zu führen (3.1): Die Vorstellung der Leitenden und auch der Teammitglieder war zunächst, alles solle sehr, sehr schnell gehen wegen der permanenten Zeitprobleme.

– In einer Gruppe ihres Netzwerkes konnte die Supervisorin die Spezifika der Dienstleistung »technische« Gesundheitsversorgung (1.2) besprechen und sich mit der Organisationskultur (1.1) und den Anforderungen, die bei ihr oft ambivalente Gefühle auslösten, auseinandersetzen. Sie erhielt Unterstützung dafür, in »kritischer Loyalität« auch schwierige Gespräche mit der Teamleiterin und dem ärztlichen Leiter zu führen (3.4).

Literatur

Anthias, F. (2006). Belongings in a globalising and unequal world: Rethinking translocations. In N. Yuval-Davis, K. Kannabiran, U. Vieten (Eds.), The situated politics of belonging (pp. 17–31). London: SAGE.

Austermann, F. (2019). Zu den demokratischen, emanzipatorischen und internationalen Wurzeln der Profession Supervision am Beispiel von Cora Baltussens Beratungsverständnis. Forum Supervision, Onlinezeitschrift Beratungswissenschaft und Supervision, 27 (52).

Becke, G. (2008). Soziale Erwartungsstrukturen in Unternehmen. Zur psychosozialen Dynamik von Gegenseitigkeit im Organisationswandel. Berlin: Edition Sigma.

Becke, G. (2013). Stolpersteine als Lernpotenzial für achtsamen Wandel. Supervision, 3, 4–11.

Becke, G. (2014). Organisationale Achtsamkeit auf Erwartungskonflikte – Zur gesundheitssensiblen Gestaltung permanenter Reorganisation. Arbeit, 23 (2), 92–104.

Becke, G. (2018). Soziale Zugehörigkeit – eine fragile organisationale Ressource bei digitaler und vermarktlichter Arbeit. In O. Geramanis, S. Hutmacher (Hrsg.), Identität in der modernen Arbeitswelt (S. 267–281). Wiesbaden: Springer.

Becke, G., Behrens, M., Bleses, P., Meyerhuber, S., Schmidt, S. (2013). Organisationale Achtsamkeit. Veränderungen nachhaltig gestalten. Stuttgart: Schäffer-Poeschel.

Becke, G., Bleses, P. (2015). Koordination und Interaktion – ein konzeptioneller Rahmen zur Analyse ihres Wechselverhältnisses bei sozialer Dienstleistungsarbeit. In G. Becke, P. Bleses (Hrsg.), Interaktion und Koordination: Das Feld sozialer Dienstleistungen (S. 23–52). Wiesbaden: Springer.

Becke, G., Senghaas-Knobloch, E. (2015). Erwartungskonflikte in betrieblichen Veränderungsprozessen. Psychosoziale Gesundheitsgefährdungen und Gestaltungsansätze. (Artec-paper Nr. 198). Universität Bremen: Forschungszentrum Nachhaltigkeit.

Böhle, F. (2011). Interaktionsarbeit als wichtige Arbeitstätigkeit im Dienstleistungssektor. WSI Mitteilungen, 9, 456–461.

Böhle, F. (2018). Arbeit als Handeln. In F. Böhle, G. G. Voß, G. Wachtler (Hrsg.), Handbuch Arbeitssoziologie. Bd. 1: Arbeit, Strukturen und Prozesse (2. Aufl., S. 171–200). Wiesbaden: Springer VS.

Böhle, F., Stöger, U., Weihrich, M. (2015). Wie lässt sich Interaktionsarbeit menschengerecht gestalten? Zur Notwendigkeit einer Neubestimmung. Arbeits- und Industriesoziologische Studien, 8 (1), 37–54.

Böhle, F., Voß, G. G., Wachtler, G. (Hrsg.) (2018). Handbuch Arbeitssoziologie. 2 Bde. (2. Aufl.). Wiesbaden: Springer VS.

Buer, F. (2000). Profession oder Organisation? Wem dient die Supervision? In H. Pühl (Hrsg.), Supervision und Organisationsentwicklung (2. Aufl., S. 70–104). Opladen: Leske + Budrich.

Buer, F. (2017). Die Supervision und ihre Nachbarformate. In H. Pühl (Hrsg.), Das aktuelle Handbuch der Supervision. Grundlagen – Praxis – Perspektiven (S. 38–63). Gießen: Psychosozial-Verlag.

Busse, S., Tietel, E. (2018). Mit dem Dritten sieht man besser. Triaden und Triangulierung in der Beratung. Göttingen: Vandenhoeck & Ruprecht.

Demszky, A., Voß, G. G. (2018). Beruf und Profession. In F. Böhle, G. G. Voß, G. Wachtler (Hrsg.), Handbuch Arbeitssoziologie. Bd. 2: Akteure und Institutionen (2. Aufl., S. 477–538). Wiesbaden: Springer VS.

Dunkel, W., Weihrich, M. (2018). Arbeit als Interaktion. In F. Böhle, G. G. Voß, G. Wachtler (Hrsg.), Handbuch Arbeitssoziologie. Bd. 1: Arbeit, Strukturen und Prozesse (2. Aufl., S. 201–232). Wiesbaden: Springer VS.

Funder, M. (2018). Betriebliche Organisation und Organisationsgesellschaft. In F. Böhle, G. G. Voß, G. Wachtler (Hrsg.), Handbuch Arbeitssoziologie. Bd. 2: Akteure und Institutionen (2. Aufl., S. 133–176). Wiesbaden: Springer VS.

Giernalczyk, T., Möller, M. (2018). Entwicklungsraum. Psychodynamische Beratung in Organisationen. Göttingen: Vandenhoeck & Ruprecht.

Glänzel, G., Schmitz, B. (2012). Hybride Organisationen – Spezial- oder Regelfall? In H. Anheier, A. Schröer, V. Then (Hrsg.), Soziale Investitionen. Interdisziplinäre Perspektiven (S. 181–204). Wiesbaden: VS.

Goffman, E. (1961). Role distance. In E. Goffman (Ed.), Encounters. Two studies in the sociology of interaction (pp. 73–134). New York/London: Bobbs-Merrill.

Gotthardt-Lorenz, A. (1994). »Organisationssupervision«: Rollen und Interventionsfelder. In H. Pühl (Hrsg.), Handbuch der Supervision 2 (S. 365–379). Berlin: Edition Marhold.

Gotthardt-Lorenz, A. (2000). Die Methode Supervision – eine Skizze. In H. Pühl (Hrsg.), Supervision und Organisationsentwicklung (S. 55–69). Opladen: Leske + Budrich.

Gotthardt-Lorenz, A. (2002). Müssen wir das Rad immer wieder neu erfinden? Bedeutungen der Feldkompetenz. Supervision, 2, 15–20.

Gotthardt-Lorenz, A. (2006).»Die ich rief, die Geister …« Organisationssupervision, Teil 2. Supervision, 1, 32–42.

Gotthardt-Lorenz, A. (2009a). Organisationssupervision auf dem Prüfstand. In L. Lehner, A. Sanz, R. Trotz (Hrsg.), Prozesse verstehen und gestalten. Gruppenprozesse in Therapie & Beratung. Visionen und Wege. Jahrbuch für Gruppendynamik und Dynamische Gruppenpsychotherapie, Bd. 7 (S. 75–92). Wien: Krammer.

Gotthardt-Lorenz, A. (2009b). Organisationssupervision. Raum für wachsende Anforderungen. In H. Pühl (Hrsg.), Handbuch der Supervision, Bd. 2 (S. 365–379). Berlin: Edition Marhold.

Gotthardt-Lorenz, A., Knopf, W. (2016). Bleiben gute Supervisorinnen einsame Spitze? Kollegiale Kooperationen in Organisationen. In K. Obermeyer, H. Pühl (Hrsg.), Die innere Arbeit des Beraters. Organisationsberatung zwischen Befangenheit und Bewegungsfreiheit (S. 99–114). Gießen: Psychosozial-Verlag.

Gschosmann, A. (2017). Das Unbehagen mit dem Dreieckskontrakt. Supervision, 2, 27–36.

Haubl, R. (2018). Emotionen bei der Arbeit. Reflexionshilfe für Beratende. Göttingen: Vandenhoeck & Ruprecht.

Hausinger, B. (2008). Supervision: Organisation – Arbeit – Ökonomisierung. Zur Gleichzeitigkeit der Ungleichzeitigkeit in der Arbeitswelt. München/Mehring: Hampp.

Helsper, W., Tippelt, R. (2011). Ende der Profession und Professionalisierung ohne Ende? Zwischenbilanz einer unabgeschlossenen Diskussion. Zeitschrift für Pädagogik, Beiheft 57 (Pädagogische Professionalität), 268–288.

Heltzel, R., Weigand, W. (2012). Im Dickicht der Organisation. Komplexe Beratungsaufträge verändern die Beraterrolle. Göttingen: Vandenhoeck & Ruprecht.

Hochschild, A. R. (1983). The managed heart. Commercialization of human feeling. Berkeley: University of California Press.

Holtgrewe, U. (2015). Die Anerkennungsverhältnisse wechseln schneller als man sich subjektiv darauf beziehen kann. Supervision, 33 (2), 37–40.

Jacobsen, H. (2018). Strukturwandel der Arbeit im Tertiarisierungsprozess. In F. Böhle, G. G. Voß, G. Wachtler (Hrsg.), Handbuch Arbeitssoziologie. Bd. 1: Arbeit, Strukturen und Prozesse (2. Aufl., S. 233–262). Wiesbaden: Springer VS.

Kühl, S. (2011). Organisation. Eine sehr kurze Einführung. Wiesbaden: VS.

Lohmer, M. (2017). Ausbildung in Organisationssupervision. In A. Hamburger, W. Mertens (Hrsg.), Supervision – Konzepte und Anwendungen (S. 210–224). Stuttgart: Kohlhammer.

Miebach, B. (2014). Soziologische Handlungstheorie. Eine Einführung (4. Aufl.). Wiesbaden: Springer.

Minssen, H. (2001). Zumutung und Leitlinie. Der Fall Gruppenarbeit. Zeitschrift für Soziologie, 30 (3), 185–193.

Moldaschl, M., Voß, G. G. (Hrsg.) (2003). Subjektivierung von Arbeit (2. Aufl.). München/Mering: Hampp.

Neuberger, O. (1995). Führen und geführt werden (5. Aufl.). Stuttgart: Enke.

Obermeyer, K., Pühl, H. (2015). Teamcoaching und Teamsupervision: Praxis der Teamentwicklung in Organisationen. Göttingen: Vandenhoeck & Ruprecht.

Oevermann, U. (1996) Theoretische Skizze einer revidierten Theorie professionalisierten Handelns. In A. Combe, W. Helsper (Hrsg.), Pädagogische Professionalität – Untersuchungen zum Typus pädagogischen Handelns (S. 70–182). Frankfurt a. M.: Suhrkamp.

Pfadenhauer, M., Sander, T. (2010). Professionssoziologie. In G. Kneer, M. Schroer (Hrsg.), Handbuch spezielle Soziologien (S. 361–378). Wiesbaden: VS.

Pfaff-Czarnecka, J. (2015). Zugehörigkeit heute. Supervision, 33 (2), 4–11.

Pohlmann, M. (2016). Soziologie der Organisation. Eine Einführung (2. Auf.). Konstanz/München: UVK Verlagsgesellschaft.

Preisendörfer, P. (2016). Organisationssoziologie. Grundlagen. Theorien und Problemstellungen (4. Aufl.). Wiesbaden: Springer VS.

Rappe-Giesecke, K. (2017). Sondierung. Von der Beratungsanfrage zum Kontrakt. In H. Pühl (Hrsg.), Das aktuelle Handbuch der Supervision (S. 64–80). Gießen: Psychosozial-Verlag.

Rastetter, D. (2008). Zum Lächeln verpflichtet: Emotionsarbeit im Dienstleistungsbereich. Frankfurt a. M./New York: Campus.

Sanz, A. (2014). Kooperation unter Supervisor/innen. Supervision, 2, 20–29.

Schäfers, B. (2016). Soziales Handeln und seine Grundlagen. Normen, Werte, Sinn. In H. Korte, B. Schäfers (Hrsg.), Einführung in die Hauptbegriffe der Soziologie (S. 23–48). Wiesbaden: Springer.

Schein, E. H. (1995). Unternehmenskultur. Ein Handbuch für Führungskräfte. Frankfurt a. M.: Campus.

Schütze, F. (1996). Organisationszwänge und hoheitsstaatliche Rahmenbedingungen im Sozialwesen: Ihre Auswirkungen auf die Paradoxien des professionellen Handelns. In A. Combe, W. Helsper (Hrsg.), Pädagogische Professionalität – Untersuchungen zum Typus pädagogischen Handelns (S. 183–275). Frankfurt a. M.: Suhrkamp.

Schütze, F. (2000). Schwierigkeiten bei der Arbeit und Paradoxien des professionellen Handelns. Ein grundlagentheoretischer Aufriß. ZBBS – Zeitschrift für qualitative Bildungs-, Beratungs- und Sozialforschung (heute ZQF), 49–96.

Steinhardt, K., Datler, W. (2004). Organisation und Psychodynamik. In H. Fasching, R. Lange (Hrsg.), Sozial managen (S. 213–234). Bern u. a.: Haupt.

Tietel, E. (2003). Emotionen und Anerkennung in Organisationen. Wege zu einer triangulären Organisationskultur. Münster u. a.: Lit.

Tietel, E. (2015). Psychologischer Vertrag und organisatorisches Commitment. Supervision, 33 (2), 20–25.

Vester, H. G. (2010). Kompendium der Soziologie, Bd. III: Neuere soziologische Theorien. Wiesbaden: VS.

Volk, T. (2015). Hallo, braucht mich jemand? Zugehörigkeit unter Druck. Über das Verschwinden sozialer, professioneller und ideeller Ressourcen. Und die Kompensation. Supervision, 33 (2), 12–19.

Voß, G. G. (2018). Was ist Arbeit? Zum Problem eines allgemeinen Arbeitsbegriffs. In F. Böhle, G. G. Voß, G. Wachtler (Hrsg.), Handbuch Arbeitssoziologie. Bd. 1: Arbeit, Strukturen und Prozesse (2. Aufl., S. 15–84). Wiesbaden: Springer VS.

Voswinkel, S. (2012). Verstrebungen der Fluidität: Ansprüche von Beschäftigten und Politiken von Organisationen im Wandel der Anerkennungsverhältnisse. Industrielle Beziehungen: Zeitschrift für Arbeit, Organisation und Management, 19 (4), 412–431. https://nbn-resolving.org/urn:nbn:de:0168-ssoar-342687 (12.7.2019).

Weick, K. E., Sutcliffe, K. M. (2010). Das Unerwartete managen. Wie Unternehmen aus Extremsituationen lernen (2. Aufl.). Stuttgart: Schäffer-Poeschel.

Weigand, W. (1990). Analyse des Auftrags in der Teamsupervision und Organisationsberatung. In G. Fatzer, D. Eck (Hrsg.), Supervision und Beratung (S. 311–326). Köln: Edition Humanistische Psychologie.

Weigand, W. (2017). Teamsupervision. In A. Hamburger, W. Mertens (Hrsg.), Supervision – Konzepte und Anwendungen. Bd. 1: Supervision in der Praxis – ein Überblick (S. 1101–1117). Stuttgart: Kohlhammer.

Wellendorf, F. (2000). Supervision als Institutionsanalyse und zur Nachfrageanalyse. In H. Pühl (Hrsg.), Handbuch der Supervision, Bd. 2 (2. Aufl., S. 30–40). Berlin: Edition Marhold.

Wirbals, H. (2006). Der Supervisor als Berater in Arbeits- und Organisationsprozessen. Supervision, 2, 49–54.

BERATEN IN DER ARBEITSWELT

Rolf Haubl
Geld – Traum und Albtraum
Rüstzeug für den
selbstkritischen Gebrauch

2019. 91 Seiten, mit 1 Tab.,
kartoniert
ISBN 978-3-525-40677-9

Angela Gotthardt-Lorenz
**Organisationssupervision –
ein Konzept**
Erfahren, Verstehen und
Mitgestalten organisationaler
Interaktionen

2020. 105 Seiten, mit
6 Abb. und 1 Tab., kartoniert
ISBN 978-3-525-40487-4

Franziska Lamott
**Schlüsselerfahrungen: Super-
vision im therapeutischen
Strafvollzug**

2019. 86 Seiten, mit 2 Abb.,
kartoniert
ISBN 978-3-525-40494-2

Theresia Volk
Spielen, um zu gewinnen
Macht und Wirksamkeit
in Organisationen

2019. 104 Seiten, mit 9 Abb. und
2 Tab., kartoniert
ISBN 978-3-525-40488-1

Thomas Giernalczyk |
Heidi Möller
**Entwicklungsraum:
Psychodynamische Beratung
in Organisationen**
Mit einem Vorwort von
Mathias Lohmer.
2019. 109 Seiten, mit 13 Abb. und
2 Tab., kartoniert
ISBN 978-3-525-40298-6

Ronny Jahn | Andreas Nolten
Berufe machen Kleider
Dem Geheimnis berufsspezi-
fischen Anziehens auf der Spur

2018. 96 Seiten, mit 8 Abb.,
kartoniert
ISBN 978-3-525-40625-0

 **Vandenhoeck & Ruprecht** Verlage
www.vandenhoeck-ruprecht-verlage.com